在熟悉的家中
向世界道别

在宅ひとり死のススメ

［日］上野千鹤子 著

廖荣发 译

译林出版社

图书在版编目（CIP）数据

在熟悉的家中向世界道别／（日）上野千鹤子著；廖荣发译．
—南京：译林出版社，2022.5（2023.5重印）
ISBN 978-7-5447-9071-0

Ⅰ.①在⋯ Ⅱ.①上⋯ ②廖⋯ Ⅲ.①养老－问题－研究
Ⅳ.①C913.6

中国版本图书馆 CIP 数据核字（2022）第 016651 号

著作权合同登记号　图字：10-2021-170号

在熟悉的家中向世界道别　〔日〕上野千鹤子／著　廖荣发／译

责任编辑	黄文娟
装帧设计	赵　瑾
校　对	戴小娥
责任印制	单　莉

原文出版	Bungeishunju Ltd., 2021
出版发行	译林出版社
地　址	南京市湖南路 1 号 A 楼
邮　箱	yilin@yilin.com
网　址	www.yilin.com
市场热线	025-86633278
排　版	南京展望文化发展有限公司
印　刷	江苏凤凰新华印务集团有限公司
开　本	850毫米 ×1168毫米 1/32
印　张	7.75
插　页	4
版　次	2022 年 5 月第 1 版
印　次	2023 年 5 月第 4 次印刷
书　号	ISBN 978-7-5447-9071-0
定　价	58.00 元

目　录

前　言

　　我的《独居者的晚年》（法研，2007 年；文春文库，2011 年）[1] 成为畅销书，至今已有十三年了。

　　而我的"独居者"系列，在《男性独居者的道路》（法研，2009 年；文春文库，2012 年）和《独居者的临终》（朝日新闻出版，2015 年；朝日文库，2019 年）之后，也完成了所谓的三部曲。既然已经在"临终"完结了，正常来讲就没有后续了。

　　但是，我又觉得自己还不会死，那么接下去该怎么办呢，当时想到的是写《独居者死后》（笑～）。可说实话，我只对生前事感兴趣，对死后的世界毫无兴趣，至于葬礼和坟墓等后事，我也一点都不关心。我已经在遗嘱里写了，希望自己的葬礼悄悄进行、不发讣告，骨灰则撒入山海，而且已经指定好遗嘱执行人。骨灰就撒在日本国内某处，并不是什么很麻烦的地方。这么点事情，还是有一二朋友可以拜托的，给他们添点这种小麻烦，应该也没关系吧。

话虽如此，但真要到那一天，似乎还有很长的一段时间。我的畏友、社会学家春日木须代写了一本书：《活到一百岁的觉悟：超长寿时代的生存法则》（光文社新书[2]，2018 年）。根据该书，每 4 名男性至少有 1 人可能活到 90 岁以上，每 4 名女性至少有 2 人可能活到 90 岁以上。现如今日本百岁以上的长寿者约有 8 万人，看来你和我都有相当大的概率会长寿。

写《独居者的晚年》的时候，我是 58 岁。

后来，我步入了老年，现在已经是一个不折不扣的前期老年人[3]，再过三年就是后期老年人了。

虽然我前面说过我觉得自己还不会死，但就我见过的许多老人的例子来看，从现在开始到生命结束，等待我的将是春日木须代所说的需要人护理的"摇坠期"，先是摇摇晃晃站不稳的阶段，然后是四肢乏力软绵绵的阶段，最后是坠倒在地、卧床不起的阶段。

在写完《独居者的临终》后，我的下一个目标是成为官方认定的"需护理老人"[4]。

之所以那样想，是因为我觉得成了"需护理老人"之后，我就能作为当事人现身说法了。但我不知道真到那一步，我是否还有足够的心力来做这些。我很尊敬的一位前辈——樋口惠子，她最近写了一本书叫《老～啦！预备——砰！"摇坠期"也会光顾你的》（妇人之友社，2019年），书中介绍了她自己的"摇坠期"体验。人人都成为当事人、人人都来分享自己"被护理的智慧"的时代已经近在眼前了。

其实在我写完《独居者的临终》之后，养老的一线情况也仍在时刻变化着。我撰写此书，正是为了将那之后的变化纳入视野，和大家一起思考下一阶段的对策。

如果大家能读到最后，我将感到十分荣幸。

1 日本新书出版，一般先推出正　尺寸的单行本，价格较贵。如果单行本销量可观，市场反响不错的话，　　单行本的内容重新排版，出版"文库本"继续销售。文库本尺寸较小（　　4.8 厘米、宽 10.5 厘米），便于随身携带阅读，而且价格比较低廉。上野千鹤子的"独居者三部曲"在单行本之后皆出版了文库本，足见其在日本十分畅销。——译注（若无特别说明，本书注释均为译注。）

2 "光文社新书"的"新书"指的是长 17.3 厘米、宽 10.5 厘米尺寸的图书，价格一般也比较低廉，主要是一些启蒙书、专业书、实用书等。

3 在日本，65～74 岁的老人为"前期老年人"，75 岁及以上的为"后期老年人"。

4 日本的护理保险规定，年满 65 岁以后，如果参保人认为自己需要护理服务，需要先提出申请，由地方政府和护理审查机构判断，认定需要护理的等级。"需护理"的认定结果共有三大类：能自理、需支援、需护理。按等级从低到高，"需支援"又细分为需支援 1、需支援 2 两个等级。"需护理"则细分为五个等级，需护理等级为 5 的老人，基本上已经卧床不起，理解能力退化，无法正常沟通。

第 1 章

"独自一人"不可以吗

?

"独居者"的数量正在以惊人速度增加

一个老人只不过是独居而已,便有些人说三道四:"他好可怜啊!""他一定很孤独吧!"而我写作《独居者的晚年》的动机,正是想对那些人说:"不用你们多管闲事!"

独居者——别人眼中的"人生输家",从人口学来看肯定属于少数派。因此,我完全没想到我为少数派所写的书,会被多数派的已婚女性阅读,并成为畅销书。之后,还没等大家回过神来,独居者的数量就已经变得越来越多了。

2000 年,护理保险[1]刚实施的时候,有 49.1% 的老人和他们的子女住在一起,但在此后大约 20 年间,这一比例下降到了 30.9%。(内阁府,2017 年)2007 年我出版《独居者的晚年》的时候,独居的老人所占的比例为 15.7%,但到了 2019 年,这个比例已经激增到 27%。而住在一起的老年夫妻的比例是 33%,加上独居的老人,比例就超过一半了。考虑到住在一起的老年夫妻将来可能因为一方去世或者离婚而变成独居老人，那么，在不远的将来，独居老人的比例应该会超过一半吧！

虽然这种趋势我早就预料到了，但其变化速度之快还是超过了我的预期。一个主要的变化是，当夫妻双方有一方去世以后，越来越多的人选择自己一个人住，而不会跟子女合户居住。有个孩子害怕被人指责他让妈妈一个人住，就询问他妈妈："妈妈，你要不要跟我一起住？"这种询问，我在《独居者的晚年》一书中将它称作"恶魔的耳语"。现如今，会说出这种"恶魔的耳语"的孩子已经没有了，而且接受这种邀请的父母也变少了。父母和孩子分户居住的意识已经深入人心。

为什么会这样呢？因为父母和孩子已经达成共识：分户居住能让父母幸福，子女也幸福。而我认为，这背后的一个重要原因是，人们对老人独居的偏见已经消失了。因为我们已经知道，独居生活并没有那么糟糕，真的试一下独居生活的话，甚至会觉得竟然挺不错的。

其实，那些独居经验丰富的老人早已意识到这一点了，只不过在这个"家庭万岁"的社会里，他们不敢大声说出来而已。不仅如此，当已婚女性因丧偶或离婚陆续回到一个人生活的状态时，也会发现一个人其实也挺不错。对于那些变回"单身贵族"的朋友，不管是因为丧偶还是离婚，我都会对他们说"欢迎回归！"。因为和别人组成家庭只是人生的一个阶段，一旦过了该阶段，大家都一样，都会变成独居者。或早或晚，每个人都要回到独自一人的状态。

尽管如此，这个社会上还是充斥着这样那样的书，警告我们不要独自一人生活，仿佛那是某种必须根除的邪恶。

藤森克彦的《单身激增社会的冲击》（日本经济新闻出版社，2010年）一书的腰封上写着"带你走近'没有人情味的社会'的真实景象"，以及"'孤独死'早已和我们每个人息息相关"这种令人惊恐的、近似威胁的话语。山口道弘的《"没有人情味"的护理》（现代书馆，2012年）一书，书名直截了当，副书名"单身老龄社会的衰老、孤立、贫困"更给人一种三者会相伴而来的感觉。山口之后还写了《记录：当独居者需要护理时》（现代书馆，2019年）一书，副标题直接发问："独自一人居家养老真的没问题吗？！"这种问法会给人一种印象，那就是独居者老后要么去机构，要么去医院。而这本书的腰封上则是三连问："我独自一人，不行吗？我没有亲人，不行吗？我一个人也想居家临终，不行吗？"虽然用的是反问语气，但这也恰恰说明，长久以来，孤独一直被视为不应该发生的事情。对于这种三连问，我的主张是："当然可以！完全没问题！"不知道是不是我的这种主张被藤森接受了，他的下一本书《单身激增社会的希望》（日本经济新闻出版社，2017年），标题不再是"冲击"，而变成了"希望"，在书的后记里，他也提到了"'独居者的晚年'研讨会"。目前，单身户的增加已经是一个无法避免的现实问题。既然如此，比起哀叹和警告，积极地去思考应对之策才是要紧事。

不仅如此，更为重要的是，过去一说到"单身老人"，人们往往会联想到一幅"好可怜！""好惨啊！"的景象，但现在，大家已经用"独居者"来称呼单身老人，而且也可以自豪地说自己是"独居者"。能有这样的变化，我觉得功劳簿上应该有我的名字！嘻嘻……

数据显示：
"晚年的时候，独居者是最幸福的"

我邂逅了一本可以证明如上观点的书——辻川觉志《晚年一个人生活是幸福的》（水曜社，2014年）。看到这本书时我已经写完《独居者的临终》（2015年）了，当时我就觉得："糟了，好后悔啊！我应该早一点看到的！"可惜为时已晚。

不过，如果我在自己的书中表达了同样的观点的话，应该会让人觉得我是硬着头皮写出来的。因为我在自己的书中能够断言的，充其量也就是"晚年一个人生活并不是一种不幸"这一类的观点。但是，辻川医生在他的书中用数据说话，论证了"一个人生活最幸福"，让人无法反驳。

辻川医生在大阪开了一家耳鼻喉科诊所。2013年，他向居住在大阪门真市的60岁以上的老人发放了将近500份问卷调查，收到了460份回复。调查结果显示，独居老人的生活满意度高于和家人住在一起的老人。

虽然社会上有所谓的"幸福度"调查，但其实"幸福"是一个非常主观的东西。通过询问"你幸福吗？"所获得的回答，比较起来是非常困难的。因此，便有了一个替代性的指标——"生活满意度"。辻川医生采用的也是这一指标。和他一样，为方便起见，我将用"生活满意度"代替"幸福度"。

众所周知，在大规模的调查当中，独居老人的生活满意度是低于和家人住在一起的老人的。那是因为独居老人的贫困率往往更高，而且有被社会孤立的倾向。但是，辻川医生的调查对象是住在大城市近郊的中产老人。耳鼻喉科的就诊者一般是老人和小孩，而到辻川诊所就诊的是那种能自行前来的相对健康的老人。据说他们当中很多人都有子女，但选择自己一个人居住。应该说，这样的一些案例（数据）十分难得，因为它们很容易被大规模的调查数据遮蔽。

政府所做的调查统计，采用的是"二选一"的统计方法，即默认老人要么是独居，要么是和家人住在一起，然后对这两种情况进行比较。但是，辻川医生采用了一种独特的统计法。他把和家人住在一起的情况进一步细分为和一人同住、和两人同住、和三四人（及以上）同住这几种，然后再对它们进行比较。结果发现，和一人同住，也就是二人户的情况下，老人的生活满意度是最低的。而当和两人同住，也就是三人户的情况下，老人的生活满意度有所上升。当和三四人（及以上）同住，也就是多代同堂的情况下，老人的生活满意度继续上升，但是也只达到和一人独居差不多的水平。

所谓"二人户"，指的是老两口自己住的家庭，或者单亲父母与一个子女住在一起的家庭。老两口自己住的时间，又被称作"空巢"期，这是一个充满危机的阶段，子女已经长大，夫妻二人丧失了目标，每天只能你看看我我看看你。俗话说"男人来自火星，女人来自金星"，思维冲突激烈的老两口，其生活满意度之低是不难想象的。这种情况，老两口之间如果有一个缓冲地带的话，应该会好很多。比如，他们有的是和子女住在一起，而有的是养只宠物，通过宠物来交谈。因此，不难理解，当家庭成员在一人独居基础上增加两个人，也就是成为三人户的时候，老人的生活满意度会略有上升。

当住在一起的家人增加三个人，变成多代同堂的时候，老人的生活满意度可以和一人独居的水平相媲美。政府推荐的就是三代同堂，甚至考虑过想要给三代同堂的家庭提供资金补助，供他们建房子用。当然，我丝毫不认为提出这种政策的政治家本身就是三代同堂。最显而易见的是，天皇一家绝对不会三代人住在一起。[2]那么，为什么多代同堂的生活满意度会这么高呢？这可能是人们的观念使然，因为大家普遍认为"日本的老人，还是要和家人生活在一起，晚年才幸福"。不过，辻川医生的结论是，独居老人的满意度可以和三代同堂的老人的满意度匹敌。

辻川医生的调查结果还发现了更为有趣的事情。大家都知道，随着年龄的增长，老人的体力会逐渐下降，身体也会出现各种问题。但是，随着时间的推移，"我们发现，即使健康状况开始恶化，独居老人的生活满意度也不太会降低"。其实，别人虽然关心你会不会疼，有什么痛苦，但这终归是隔靴搔痒，无法真正体会你的疼痛，所以，你就算说出来也没什么用。从这个调查结果我们可以看出，独居的老人应该早就看透，也做好了思想准备，知道反正有什么病痛也只能自己承受，没什么好对人言说的。

即便是独居老人，也有些人曾结婚生子，只不过子女不在身边。根据辻川医生的调查，有孩子的独居老人和没有孩子的独居老人，在生活满意度上完全没有差别。啊！谢天谢地！要知道，在日本社会，我们总是被吓唬说，如果不生小孩的话，晚年会有多么多么凄惨！但现在，老人和子女分户居住早已司空见惯，而且很多老人到后面反而是白发人送黑发人。所以，对于"有没有子女，生活满意度都不会变化"这一结果，我是能够理解的。

老两口家庭的生活满意度是最低的

辻川医生后来还出了第二本书——《这样做的话老两口的晚年也会幸福》（水曜社，2014年）。我对这样的书名感到非常好奇，既然他在第一本书中已经证明了二人户家庭的生活满意度最低，为什么还会写这样的书呢？原来，在二人户家庭中，丈夫和妻子的生活满意度相差悬殊。虽然独居男性和独居女性的生活满意度都很高，平均几乎都是74分，但是，在老两口家庭中，不仅两个人的满意度都低于独居者，而且妻子的满意度还要再低于丈夫。对此，辻川医生直截了当地点明："老两口一起生活的话，妻子成唯一输家。"而辻川医生在该书当中所举的例子，也确实让人点头称是，深表赞同。

我丈夫整天都在看电视，我跟他说话他也不回我。

而且，不管多小的事，他都要插上一嘴。我真的太生气了。（某位 70～74 岁的女性）

我丈夫根本不听任何人的话。他只按照自己的意愿行事。当我反驳他时，他会马上提高音量，所以我根本没办法和他讲话。（某位 60～64 岁的女性）

自从我丈夫退休后，我去哪里他都跟着，好烦啊！（某位 60～64 岁的女性）

我丈夫一点也不关心家人的病情，但如果他体检发现自己有那么一丁点异常，就会嚷嚷着该去哪家大医院看一下。（某位 60～64 岁的女性）

我丈夫退休后……不仅什么家务都不帮忙，还一个劲地抱怨，真的好烦。整天就在那边玩电脑。一看到他这个人，我就很生气。我觉得自己每天都很郁闷。（某位 70～74 岁的女性）

当然，丈夫这一方肯定也有不满，其生活满意度也不高。

我每天都在捣鼓各种机器，那是我的爱好。我不做任何家务，但妻子做的每顿饭，我都心存感激，只是我说不出感谢的话来。（某位70～74岁的男性）

日本的男人为什么吝惜说"谢谢"呢？说了又不会损失什么！

这样的夫妻该怎么磨合才好呢？据说，老两口晚年的幸福秘诀有如下七条：

秘诀1：双方互相理解。

秘诀2：二人分工明确。

秘诀3：对彼此不同的价值观怀有包容之心。

秘诀4：有一说一，不要把眼前的不满和无关紧要的琐事混为一谈。

秘诀5：老两口相依度日的时候，就要设想一下将来独居的情况。

秘诀6：在时间和空间上保持一定距离。

秘诀 7：沉浸在自己的世界里。

不管哪一条，都好像是在告诉我们，老两口共存的秘诀就是缔结"互不侵犯条约"，双方互不干涉。可真那样的话，结婚的意义何在？有的妻子在丈夫去世之后说："我和他一直吵架，真希望他能早点到那个世界去，可当他真的走了，我又觉得好孤独。"（某位 65～69 岁的女性）

夫妻关系就是这么说不清道不明（苦笑）。

辻川医生自己也是已婚人士，他说"最理想的晚年是，两个独居者能在同一个屋檐下生活"，这是他的信条。然而，现实生活中能够做到这样的人并不多。

话说回来，辻川医生在他的第二本书中，除了满意度调查之外，还进行了一项有趣的调查——"烦恼度"调查。其结果如图1和图2所示。"很明显独居老人的生活满意度高、烦恼少"，与之相对，"可以看出，老两口家庭的生活满意度是最低的，而且烦恼是最多的"。

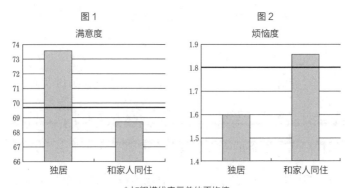

图 1
满意度

图 2
烦恼度

* 加粗横线表示总体平均值
出处:《这样做的话老两口的晚年也会幸福》(辻川觉志,水曜社,2014 年)

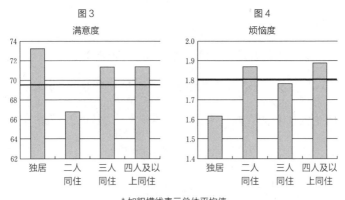

图 3
满意度

图 4
烦恼度

* 加粗横线表示总体平均值
出处:《这样做的话老两口的晚年也会幸福》(辻川觉志,水曜社,2014 年)

如果再按照同住人数细分一下,其结果如图 3 和图 4 所示。随着同住人数的增加,生活满意度确实会上升,但另一方面,烦恼度也会跟着上升。这并不令人惊讶。一个人的烦恼,与其说来自自己,不如说来自周围环境。即使你自己的生活满意度很高，如果同住的儿子儿媳夫妻不和，或者你的孙子不愿去上学，这些也都可能成为你烦恼的根源。当然，有些独居老人也有不住一起的家人，所以，不可否认，他们也有类似的烦恼，但人就是这么现实，反正不住一起，眼不见则心不烦。所以，哪怕我们把满意度和烦恼度相减一下，得到的结果还是：独居者的生活满意度最高！

独居者既不觉得寂寞也不觉得不安

辻川医生在他的第三本书《续·晚年一个人生活是幸福的》（水曜社，2016 年）当中，针对老年人是否会"寂寞"和"不安"做了调查。他将独居的情况和与家人同住的情况进行了统计比较，其结果如图 5 和图 6 所示。原来如此！根据这样的调查结果，大家会认为"果然一个人生活还是会寂寞的"。但是，辻川医生在书中指出，"寂寞这

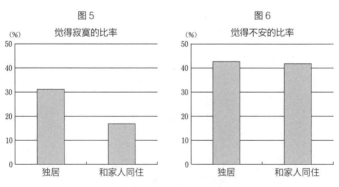

出处：《续·晚年一个人生活是幸福的》（辻川觉志，水曜社，2016 年）

种情感很多时候是暂时性的","一旦过了某一时期，你就习惯了"。因此，刚刚开始独居生活的新手会感到寂寞，但如果"你一开始就是一个人的话，就不会觉得寂寞"。

> 我本来就是独生子女，所以从过去到现在我一点都不觉得寂寞和不安。当别人说他们觉得寂寞的时候，其实我完全无法理解。我甚至很想知道为什么他们会觉得寂寞。（某位75～79岁的女性）

其实大家都明白，对老人来说，和心意不通的家人住在一起才是最寂寞的。有个事实很多人都知道，那就是和家人住在一起的老人，其自杀率要比独居的老人高，而这与大家预想的正好相反。

图7说明了寂寞感和生活满意度的相关性。从这个图可以看出，觉得不寂寞的

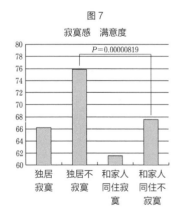

图7
寂寞感　满意度

$P=0.00000819$

- 独居寂寞
- 独居不寂寞
- 和家人同住寂寞
- 和家人同住不寂寞

出处：《续·晚年一个人生活是幸福的》
（辻川觉志，水曜社，2016年）

人生活满意度相对较高，这跟我们的预想一样。但不论寂寞与否，和家人同住的老人，其生活满意度都比独居者低。辻川医生称这是一个"令人震惊的结果"。

让我们来听听一个具体的案例。

> 我有很多家人，我的健康状况很好，一点也不觉得寂寞和不安，但我的生活满意度充其量只有60分左右。与家人一起生活，有些时候我不得不压抑自己、把家人放在第一位，所以我的生活满意度不可避免地会降低。（某位60～64岁的女性）

关于"不安"的调查结果显示：42.3%的受访者表示，"无论有多少家人，也无关乎年龄，在任何环境中都会有不安的情绪"。

不过，作为"人生输家"的独居者们可能会认为，无论如何那些有子女的老人应该会比较安心吧，毕竟万一有什么事，他们的子女马上就可以赶过来。对此，辻川医生也做了周密的调查，他对有子女的老人、没有子女的老人、子女离得近的老人、子女离得远的老人的生活满意度、烦恼度、觉得寂寞的比率、觉得不安的比率进行了比较，结果如图8、图9、图10、图11所示。真没想到，结果竟然是：没有子女的独居老人生活满意度最高，烦恼度低，觉

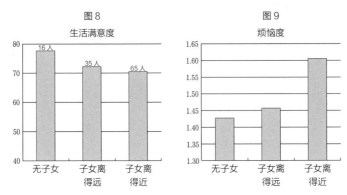

出处：《续·晚年一个人生活是幸福的》（辻川觉志，水曜社，2016年）

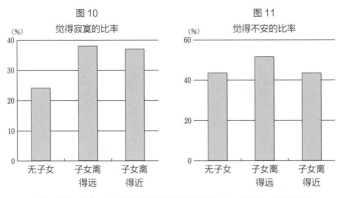

出处：《续·晚年一个人生活是幸福的》（辻川觉志，水曜社，2016年）

得寂寞的比率低，觉得不安的比率也低。在烦恼度方面，子女离得近的老人高于子女离得远的老人，这很好地说明了眼不见则心不烦。另外，子女离得远的老人比子女离得近的老人更容易感到不安，这也是容易理解的。

辻川医生的发现如下："如果你从一开始就没有子女，也习惯了没有子女的生活，那可能你老了以后也并不会觉得寂寞。"

"称心如意的老年生活"需要三个条件

辻川医生三部大作的结论如下："在追踪了那些老年生活称心如意的人以后，我们发现独居竟然是最好的"，"决定老年生活满意度的是——在自己熟悉的地方，拥有真正信赖的朋友（亲戚），以及随心所欲的生活"。

这一结论与我一直以来所倡导的主张不谋而合：① 老人不应该离开自己熟悉的家；② 比起有钱，更应该有人（亲朋好友）；③ 不迁就他人但又自律的生活。辻川医生也不推荐老人住到养老机构去。相反，他明确写道："这些条件，不论在多么高级的养老机构里都不可能有。"因此，不管去多么豪华的养老院，我是一点都不羡慕的。

前面说过，我是在出版《独居者的晚年》之后才邂逅了辻川医生的第一本书的。他的书太有趣了，于是我联系了他。因为这样的缘分，我给他的第三本书《续·晚年一个人生活是幸福的》写了推荐语。这本书的腰封上写着："这下子，即使晚年一个人生活也没问题！辻川医生用数据告诉我们真相。"

真不愧是医生，讲证据特别在行。

天知道我是多么想跟大家说："晚年自己一个人生活才是最棒的！"其实，我写《独居者的晚年》的动机，就是想扭转"没有家人的晚年会很惨"之类的陈旧观念，但是，如果我说了和辻川医生同样的话，肯定会被喷，说我"是人生输家，是丧家犬在狂吠"。真的很感谢辻川医生摆出了数据，这样我也就能有理有据地说同样的话了。

当然，辻川医生的诊所开在大阪门真市的住宅区，他所调查的对象，从样本上来讲失之偏颇。而政府的统计数据则是全国平均水平的宏观数据，穷人的存在肯定会拉低平均值。但是，就经济状况不窘迫的中产来说，辻川医生的调查结果是恰当的。

独居者可以分成两种，一种是主动选择独居，另一种则是被迫独居。换言之，一种是有条件有资源，另一种是没条件没资源。辻川医生所提供的数据真是强有力的证词，它告诉我们：如果你是自己选择独居，那你既不会觉得寂寞，也不会感到不安，你的生活满意度会很高，而且烦恼少。

然而，我们很多媒体还是一如既往地将"老年人独居"描绘成一个社会问题。但其实我说过很多次，独居和孤立是两码事。反过来说，和家人住一起，也不意味着就可以安心生活。比如，如果和你住一起的家人虐待你或者无视你（冷暴力）……那反而更危险。护理援助专员[3]谈到的"难以处理的事例"当中，有些是老人的家人说他们跟老人住一起会照顾老人，所以不让老人使用护理保险，还有些则是根本不让护理援助专员进门。所以，护理援助专员们纷纷感叹："要是老人和他们的家人分户居住就好了……"老人独居一户的情况下，护理援助专员反而比较容易介入，提供帮助。

说到分户居住，合乎逻辑的做法当然是让子女独立出去，而不是让老人出去。这不仅仅是因为子女更年轻，更容易适应新的环境变化，最重要的是因为老人才是户主，才是这个家的主人。让年老的主人离开自己的家，天底下哪有这样黑白颠倒的道理。

我从新田国夫医生那里听到过这样一个事例。新田医生在东京国分寺市做上门诊疗。他说，有个老人的女儿年轻的时候长期待在国外，到了中年的时候，说是担心她母亲老了一个人怎么办（虽然我怀疑她真正担心的是她自己老了以后怎么办），于是回到了母亲身边。过了一段时间，她来找新田医生商量，说："我觉得我母亲的状态不正常，我想送她去养老机构。"新田医生则盯着她的脸，建议道："我觉得你才应该从那个家里搬出去。"既然医生都这么说了，她只好在附近租了房子，搬出去住。听说分户居住以后，她母亲的情况就好转了。

我们常说先来后到，然而后来者竟然想赶走先到的人，真是岂有此理！让后来者出去才是合理的。我在《独居者的临终》中也写过，分开居住并不意味着不再是一家人，大家完全可以时不时互相探望一下，做"兼职的家人"反而更好。

我想拜托我们的媒体从业者，不要一味展示"独居者"的负面形象，也要报道他们的正面典型。只要看一下周围，我们就不难发现，到处都有开开心心生活着的独居老人。

我希望随着这样一些正面典型的增加，社会对独居者的消极偏见也能够烟消云散。

1　日本的护理保险，日语写作"介護保険"，中文直译为"介护保险"，也译作"照护保险"或"长期护理保险"（简称"长护险"）等，本书统一译作"护理保险"。日本于 1997 年制定了《护理保险法》，于 2000 年 4 月正式实施。该制度规定，年满 40 岁的居民（包括居住在日本的外国人）都要加入护理保险并缴纳保费。保费的费率由各地政府自行确定，一般占居民年收入的百分之一点几到百分之二点几。当参保人需要护理服务时，要先提出申请（一般年满 65 岁才可申请，40～64 岁的参保人只有罹患 16 种特定疾病需要护理时才有资格申请），通过"需护理"等级认定（参看本书前言的尾注 4）以后，就可以享受相应的服务。这些服务所产生的费用，护理保险支付 70%～90%，参保人自付 10%～30%，自付的比例根据参保人的年收入确定，年收入低的人自付 10%。当然，护理保险有最高支付限额，超出限额的部分需由个人全额承担。关于日本的护理保险制度，作者有专门的评介，详见本书第 8 章。

2　日本是君主立宪制国家，天皇虽是国家的象征，但不能参与政治，因此不是政治家。作者的意思是，既然日本的政治家认为三代同堂好，那就应该让作为日本象征的天皇一家做好表率，三代人住一起。

3　护理援助专员，有时也译作"照护专员"或"照护经理"（care manager），日语全称为"介護支援専門員"。日本护理保险制度规定，对于需要护理的老人，由护理援助专员负责制定相应的护理方案，并联系协调相应机构。与本书第 3 章第一节提到的"护理师"不同，护理援助专员并不对老人进行实际护理。成为护理援助专员需要通过专门的资格考试和研修，这种资格考试不是由国家统一组织，而是由各都道府县（相当于我国的省）政府组织，近几年的考试通过率基本在 10%～20%，远低于护理师资格考试。此外，护理援助专员的收入也普遍高于护理师。

第 2 章

对死亡的忌讳已经消失

"大规模去世的社会"已经到来

　　一个少子化、老龄化的社会，必然会进入超级老龄化社会，再之后就会进入老人"大规模去世的社会"。那会是一个无数人去世的时代吧！毕竟人类的死亡率是100%，不管多么长寿，也不可能有人能够逃脱死亡。日本已经成为一个人口负增长的社会。也就是说，每年死亡的老人数量比新生婴儿的数量还要多。

　　在日本经济快速增长的时期，我们的社会被认为是一个"见不到死亡的社会"。之所以会有人口红利期的出现、之所以大城市里核心家庭数量会不断增多，正是由于"婴儿潮"[1]中有很多二孩、三孩出生。在大城市里，我们的周围没有老人，死亡离我们很远。各大城市规划新建的住宅区里，也到处都是年轻的父母和小孩，举办婚宴的场所不断增加，而殡仪馆却很少。

作家柴田翔写过一篇随笔，里面提出了一个问题：如果他死了，不知道他们公寓的电梯能不能装得下他的棺材。柴田很高，装他的棺材长度至少得有 1.8 米才行，他担心那么长的直直的棺材可能连公寓门都进不去，就算进去了也不知道电梯能否装得下，如果横着装不下是不是就得竖起来……柴田当然是在嘲讽当初的公寓设计者没有把死亡的问题考虑进去。自从读过他的这篇随笔之后，我就养成了一个习惯，不管去哪一栋公寓，都要确认一下这个公寓的电梯尺寸能否装得下棺材。幸运的是，我现在住的公寓是有货梯的，我搬家的时候用的就是这部货梯。这部货梯看上去连双人床都装得下，装棺材的话应该也没问题吧，感觉可以松口气了。

我们的社会之所以会变成一个见不到死亡的社会，也是因为很多人最后是在医院里去世的。这样，家属是无法目睹死亡的详细过程的。道理很简单，逝者从医院的太平间出来以后，就被直接拉去殡仪馆了，家属没有机会和逝者共处，也就无法近距离了解死亡了。

近年来，我们看待死亡的方式似乎发生了变化。在过去，哪怕是跟亲朋好友说到和死亡相关的只言片语，对方一般都会以"别说不吉利的话""别说晦气话"来终止该话题。但最近连"临终计划"这样的词汇都出现了，家人之间已经可以公开讨论死后要怎么举办葬礼、墓地选在哪里。在出版《独居者的晚年》之后，我发明了一个新的复合词——"在家独自临终 © 上野千鹤子"[2]，并策划了"在家独自临终的准备"相关讲座。当时主办方担心这种题目的讲座会没人来听。然而，能够容纳 500 人的会场座无虚席。不过，比起这个，更让我惊讶的是观众在问答环节的发言。"死亡的准备，我自己一个人做得到，但遗体无法自己处理，该怎么办才好呢？"整个会场全是"死亡""遗体""葬礼"这类词语。当时我非常感慨，啊——原来我们对这些词已经没有禁忌了。毕竟连天皇一家也都在讨论"临终计划"了。记得媒体报道太上皇与皇太后的陵墓方案，讨论太上皇夫妇会不会合葬的时候，我非常感慨，因为现在的这个时代，哪怕谈论天皇的后事，也不会有人觉得是对天皇不敬了。

死亡的临床情况已经发生改变

关于"临终计划"，不管是考虑坟墓还是考虑葬礼，其实都是死后的事情。它们的大前提是——你已经死了。在超级老龄化社会里，日本人的死亡方式已经改变了。

2018年，日本人的死亡原因，排在第一位的是癌症，第二是心血管疾病，第三是衰老，第四是脑血管疾病。这些疾病都是年纪大了以后容易出现的慢性病，一般都无法治愈。

这些年，"衰老"这一死因排到了第三位。按照医疗专家的说法，"衰老"差不多等同于"死因不明"。本来有的人可能是死于"心力衰竭"或"多器官功能衰竭"等，但由于无法明确断定，只好将死因归为"衰老"。因此，可以说，"衰老"并不是一种疾病的名称，而是一种社会认可的死因。当一个年龄特别大的老人去世时，如果没有任何明确的死因，周围的人会说，毕竟那么大年纪了，"衰老"而亡是很正常的。今后，这种死因的比例可能还会增加吧。

二战之前，日本人的主要死因是结核病。结核病是一种传染病，在发展中国家，很多死亡是由传染病引起的，即便是年轻人，也会因为传染病一个接一个地倒下。可以说，医学是一场与传染病的斗争，发达国家几乎已经消灭了所有致命的传染病，但今后仍然会有人类未知的"敌人"出现。比如，这次的新冠病毒就是一个例子。在和病毒、细菌做斗争的时候，除了药物治疗之外，就只能靠个人自己的免疫力了，免疫力好的话，就算被感染了，感染者最终也会在体内产生抗体，赢得胜利。年轻人往往免疫力比较好，哪怕被感染了也容易得救，而老年人或有宿疾的人感染以后则容易死亡。

日本的超级老龄化社会之所以形成是因为老年人越来越长寿，因为老年人就算得了慢性病一般也死不了。2019年日本人的平均寿命为男性 81.41 岁，女性 87.45 岁。因为对平均寿命的计算是把一出生就夭折的婴儿也包括在内的，所以成年人的真实平均寿命应该会更长，正所谓"人生百年"，据说现在每 4 名男性中至少有 1 人、每 4 名女性中至少有 2 人，会活到 90 岁以上。我们的社会，已经进入了一个不容易死亡的时代。

一个社会要实现长寿，其营养水平、卫生水平、医疗水平和护理水平，必然要全方位提升。也就是说，长寿是全社会共同努力的成果。然而，市场上充斥着一些似乎在诅咒长寿的言论，比如《长寿地狱》（松原惇子，SB 新书，2017 年）、《就算长寿也不会有好报的社会》（山冈淳一郎，筑摩新书，2016 年）等等。对此，我会很毒舌地说，既然那么讨厌长寿，那你就去欠发达国家好了！在那里，抵抗力低下的老人一旦患上褥疮，很快就会死去。在过去的护理工作当中，出现褥疮是一个很普遍的问题，因褥疮患上传染病最后死亡的情况也是司空见惯。但在今天的护理工作当中，不出现褥疮才是理所当然的。不难看出，现在的护理水平在质量方面已经有了巨大的提升。日本健康老龄推进机构（非营利组织法人）理事长大田仁史医生说过，"死者的遗体是护理工作的成绩单"。因为一具没有褥疮的干净遗体，可以很好地证明死者生前受到了悉心的护理。

正是靠着无数一线人员的努力，日本今天才拥有了这种世界级的护理水平，对此我们不应该有任何怨叹。

顺便提一下，最近很流行"健康寿命"的概念，大家知道这个概念吗？

"健康寿命"指的是平均寿命减去"虚弱期"后所剩下的时间，是指一个人身体健康、日常生活完全能够自理的时期。而"虚弱期"指的是健康状况不佳、日常生活无法完全自理的时期。至于"虚弱"的程度，大家可以理解为护理保险中规定的那种需要人护理或者需要人帮助的虚弱程度。很多人认为虚弱状态下的生活是没有意义的，健康状态下的长寿才有意义，所以这些年日本各地掀起了延长健康寿命的运动。众所周知，男女的健康寿命是有差异的。从平均寿命中减去健康寿命之后，男性的平均"虚弱期"是 8.84 年，女性则是 12.35 年（2016 年），也就是说女性比男性要多受人照顾 4 年。

但其实我每次听到延长健康寿命的呼吁时，都会有些摸不着头脑。因为如果寿命是固定不变的话，那么延长健康寿命，确实就会缩短"虚弱期"。但现实的情况是，每年的平均寿命一直都在增加。也就是说，你努力延长了健康寿命，但与此同时你会活得更久，平均寿命可能也随之增加了。而且，女性的"虚弱期"很长，这恰好说明女性在进入"虚弱期"以后，依旧会活很久。说到底，是文明社会使得我们就算进入"虚弱期"也依旧能够活下去，对此我们应该心存感激。

从"在医院去世"转向"在家中去世"

即便是现在，似乎还有很多日本人认为在医院去世很正常，但其实在以前，日本人在家中去世的情况更多。二者的比率发生逆转是在 1976 年，说起来也并不是很遥远的事情（见图 12）。长期以来，将垂死的老人送医，可以说是日本家庭的"常识"。但医院不应该是一个让人死，而应该是一个让人生的地方。尤其是当你拨打 119[3] 的时候，对于医生来说，他们的使命就是延长患者的生命。而当家中的老人病情突变时，有些家属的举动让人很费解很无奈，他们只会拨打 119，有时老人都已经断气了，他们还是会这样做。这样一来，就等于是拜托医生给老人做心肺复苏，替老人延长生命。然而，接下来家属又会后悔，觉得不该那么做。所以，最近大家对拨打 119 送医这样的"常识"，开始投去怀疑的目光。

图 12 "在医院去世"与"在家中去世"比率的逆转

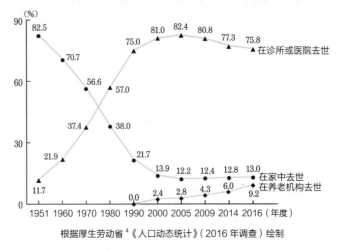

根据厚生劳动省[4]《人口动态统计》（2016 年调查）绘制

当年轻人得了传染病或者遭遇事故的时候，赶去医院就诊大概率是有用的。但是，对于那些死期将近的老人，再做一些延长生命的无谓治疗，真的有意义吗？大家之所以会认同"在医院去世"，我觉得是因为过去的医疗资源十分稀缺，作为子女，只要父母还有一口气，就还是希望医生再抢救一下。但是，时代已经不一样了。这些年，在医院去世的比例开始降低，而在家中去世以及在养老机构做临终关怀的比例，则在逐渐增加。过去，即便是养老机构，也会将那些临终期的老人送到医院去，但现在终于也可以

40

在养老机构里给老人做临终关怀了。

不过，现在这种居家临终的趋势，绝不是要回到过去。现在毕竟和过去不同，要么是临终者家里早就没什么人了，要么就是无法依靠家庭的力量居家临终了。而且，现在所说的"去医院化"，是先在医院里把能做的都做了以后，才回去居家临终。之所以能这样，是因为现在日本各地的医疗、护理资源前所未有地充足。

从上一节谈到的日本人死因我们可以看出，将来老人大规模去世的时候，有一大半的人的死因肯定是与衰老有关的老年病。换句话说，这种死亡是可预测的，是缓慢到来的。幸运的是，由于有护理保险，许多老人有了自己的护理援助专员。在所有老年人当中，护理保险所认定的"需护理"的老人的比率，全国各地平均大概是20%左右。不过这一比率会随着年龄的增加而上升，85～89岁的会达到50%，90岁以上的则会达到70%到80%（国立人口社会保障、人口问题研究所，2012年）。这就意味着，许多老人在死前都会经历需要人护理的"虚弱期"，所以如果你希望自己"生前健健康康，死时十分突然"，那这愿望估计是要落空的。

　　被认定为需要护理的老人，会有专门的护理援助专员来对接，不仅如此，如果生病了还会有医生、护士上门服务。也就是说，如果你想在家慢慢度过晚年，直到生命终结的那一天，那完全没必要让医疗介入进来。医疗的目的是治愈，而不是死亡。居家临终的情况下，医生的作用主要有两个：一是尽量减少无谓的医疗干预，二是在老人去世以后开具死亡诊断证明。

老人病情突变时应该拨打急救电话吗？

那么，如果你问我，发现老人病情突变，或者发现老人快断气的时候，应该怎么做？我会回答你："那还用说，肯定是不要盲目拨打急救电话啊！"

我曾经和滨边祐一医生做过一次对谈。滨边医生在东京的一家医院从事急救医疗工作已经 30 多年了，不仅医术精湛，而且文笔很好。他写过一个很受欢迎的随笔系列，用很洒脱的笔触讲述了他在千钧一发的急救现场经历的一些插曲。他说当他争分夺秒地抢救那些因交通事故等原因濒临死亡的人的时候，有一种强烈的使命感，觉得自己的所作所为是有价值的。正是那样一种快感，使他能够一直坚持待在急救科。这个不难理解，急救现场充满了紧张感，人体会分泌大量的多巴胺和肾上腺素，这种感觉使人上瘾，甚至沉迷其中，无法自拔。

但近年来，急救的情况发生了剧变，救护车送来的老人越来越多。在一番抢救之后，常常只能让老人多维持几天到几周的生命，于是滨边医生开始变得不自信，不知道自己的工作是否还有意义。有时，他们甚至可能会被家属怨恨，说医生治疗不当。如果是这样的话，那么家属其实一开始就不应该打急救电话，有些家属确实也是因为惊慌失措才打了急救电话。可见，一直以来，人们就只知道拨打急救电话，不懂得还有其他选择。滨边医生说，如果按照目前的这种趋势，把越来越多的老人往急诊送，那等到老年人大规模去世的时代来临的时候，急救医疗服务将会陷入瘫痪。他甚至说，可能有必要出台相关规定，比如，规定超过多少岁的老人就不派救护车了，但那样的话，又会变成按年龄来区别患者。据说东京各区有一项联动合作的制度，如果某个区的急救病床满了，可以协调到其他区的急救病床去，但那样可能会导致病人在各个区之间转来转去，最终拖延到达医院的时间。所以，如果不想让急救医疗服务陷入瘫痪，作为使用者的我们，在使用急救服务的时候应该保持克制。

在拨打急救电话之前,家属应该做的第一件事是联系"上门护士服务站"。按规定,上门护士服务站必须24小时提供服务,所以打电话过去以后,那边会根据实际情况告诉你该如何处理。如果有必要,他们还会联系你的家庭医生[5],甚至夜里也会上门来看诊。当然,我们也时不时听到一些案例,比如,夜里联系了家庭医生,但家庭医生让家属直接打急救电话。不可否认,有些情况确实需要打急救电话,但有时家庭医生只是不想自己上门看诊而已,而这也是家属更习惯直接拨打急救电话的原因之一。有一个真实的案例:一个上门护士给家庭医生打电话,怎么也打不通,最后只能求助当地一位据说24小时都接诊的医生,请他夜里出诊。然而,那名家庭医生事后竟然抱怨该护士多管闲事。这样看来,医生队伍里也是什么人都有。

上门护士服务站的电话一般不存在打不通的情况,万一真的打不通,那就打给家庭医生,还不行的话就打给护理援助专员,再不行就找上门护理事务所的紧急窗口,按照这样的顺序来打电话,基本就没问题了。如果老人自己还有力气,就能直接用手机拨打。如果手机是老人机的话，平时就可以把这些紧急联系号码按照顺序设成快速拨号。

我曾经和小笠原文雄医生合著过一本书《上野千鹤子问：小笠原医生，独自一人居家临终可行吗？》（朝日新闻出版社，2013 年）。这位小笠原医生是日本居家临终关怀协会的会长，听说他会让患者把上述的四个号码按顺序写在纸上，贴在床头边，而且数字一定要写得大大的。

还有一件事，也是我百思不得其解的。那就是一些还有力气自己打电话的老人，在紧急情况下竟然选择把电话打给住在外地的子女而不是护士或护理人员。明明子女赶过来要好几个小时，而护士或护理人员赶过来只要 15 分钟，在紧急情况下打给后者明显更有用。而且，对于医疗和护理，子女也是门外汉，仓促间根本做不出什么判断，也不一定知道父母签约的服务提供商的联系方式。所以，这样做的结果只能是，子女同样不知所措。此外，在过去，子女即使半夜接到电话，也只能等到第二天公共汽车开了才能赶过来，但现在因为有了家用汽车，所以子女必须马上赶回去，无借口可找。我曾经听过一个孝子的故事，孝子的父母在紧急状况下给他打电话，他每次都会驱车四小时赶回来。说实话，听到这个故事的时候我非常不理解，为什么他的父母不找近在咫尺的专业人员帮忙？

我还听说，有个别地方会给老人分发紧急呼叫按钮，但不是每个老人都发，只有申请了的老人才发。可就算领了紧急呼叫按钮，有的老人仍然会不好意思用，在紧急状况下还是会联系自己的子女。而有些地方的紧急呼叫按钮竟然是直接连到急救中心的，真是搞笑！一个普通老百姓，按正常心理来讲，肯定不到万不得已的地步不会拨打急救电话。与急救电话相比，当地分发的紧急呼叫按钮明显会让人觉得亲民一些、方便一些，可该按钮竟然是直接连到急救中心，真不知道这样做有什么意义。我曾经到北欧某地考察过，当地的护理服务事务所也会给接受上门护理的老人分发紧急呼叫按钮。考虑到老人万一在厕所或者浴室里摔倒了可能会碰不到按钮，所以该按钮被设计成吊坠式，让老人戴在脖子上。当时我们去拜访了一位独居的老年男性，他根本没戴那个按钮，而是放在桌上，来看望他的女儿对我们感叹道："我跟他说要戴在脖子上，可是他完全不听。"

其实也不用担心。老死是一种缓慢而温和的死亡。医生和专业的护理人员的预测基本上是准的，等他们说老人时日无多的时候，再做准备就可以了。那样也可以避免事到临头慌张无措。当然，为了做到这一点，我们需要让更多的人了解，死亡的临床情况已经发生了改变，而在医院去世也绝不是一种好的死法。

让子女扛起他们力所能及的负担

　　如果你还是希望自己"生前健健康康，死时十分突然"的话，那我想对你再多说几句。

　　如果一个人直到前一天还好好的，第二天却突然死了，那么他就是猝死。一旦发现有人猝死，大多数人的反应肯定不是拨打急救电话而是报警。这样一来，警方就会介入调查。如果死者没有什么疾病，又没有家庭医生可以出具死亡诊断证明，就会被视为非自然死亡，有时甚至可能要进行尸检。警方会调查是不是谋杀，如此一来，死者周围的人很可能会被当成嫌疑人。而突然失去至亲的家属，原本就已经很难过了，还要被警方怀疑，实在是太可怜了。从这个角度来看，猝死很可能是一种给人添麻烦的死法。

　　不仅如此，亲人突然亡故，还可能在家属心中留下悔恨与创伤。所以还是让我们慢慢变老，慢慢变成需要护理的人，接受适度的护理与医疗，让家人多多少少照顾一下我们吧！我经常会听到一些老人说"我不想给家人添麻烦！"，这也让我觉得很不可思议。可能他们心中所预想的护理足以把自己的孩子压垮，他们才会说"我护理过父母，但我不敢期待我的孩子也会那样护理我"，"我当初护理时吃的苦，我不想让我的孩子也尝一遍"。但我说的护理不是那种很大的负担，而是子女力所能及的负担。而且这样做，并不会受到任何谴责。

我没有生孩子，但我总是会问那些养育过孩子的老人："你这一生，在养孩子方面投入了最多的时间、精力和金钱，对吗？"对此，大部分老人都会回答：YES。既然如此，那你给你的子女增加一点点负担，也没什么大问题吧！我很尊敬桐岛洋子女士，她在《不谄媚的晚年》（中央公论新社，2017年）一书当中说："我不会讨好我的子女，但我老了以后，我打算让他们照顾我。"这样的宣言真是很对我的胃口。作为单亲妈妈，她养育了三个子女，这绝不是普通人能做到的吧！而孩子们也很清楚，妈妈带着他们在全世界颠沛流离，付出了多少艰辛吃了多少苦。每次听到周围的老人说不想给孩子添麻烦的时候，我都会想他们为什么要跟孩子那么客气，明明可以像桐岛女士那样，堂堂正正地对子女说"等我老了要靠你们照顾"。这些父母好像总想把自己置于"付出"的一方，永远看孩子的脸色。所以，我一直提倡，与其一直说"不给子女添麻烦"，还不如提前跟子女说"也许有一天真的需要麻烦你们照顾我"。对于没有子女的我来说，这真的是一个令人羡慕的选项。

　　当然，我说的负担，并不是重到子女无法承受的那种，而是他们力所能及的负担。而这种适度的负担之所以成为可能，就是因为有了护理保险。当父母去世以后，子女们心里应该会想"爸爸妈妈，你们辛苦啦！"，"而我也尽了做子女的义务，这下子可以卸下担子了"。我想这样一种成就感，也是逝者留给家人最好的礼物。

1 二战以后，日本的婴儿潮主要有两次，第一次出现在 1947—1949 年，这三
   年间大约有 800 万人出生。第二次婴儿潮出现在 1971—1974 年。本书作者
   上野千鹤子出生于 1948 年，是第一次婴儿潮期间出生的。又，本书后文所谈
   到的婴儿潮，指的都是第一次婴儿潮。

2 © 这个符号是《世界版权公约》所规定的版权标记。作者在这里只是开一个玩
   笑，并不是真的要主张她对这个词的版权，可参见本书第 4 章最后一节。

3 我国的急救电话是 120，日本的急救电话是 119。

4 厚生劳动省，日本负责医疗卫生和社会保障的主要部门，相当于我国的人力资
   源和社会保障部加国家卫生健康委员会。

5 本书所谓"家庭医生"，日语原文为"主治医"，日本护理保险规定，"主治
   医"主要为老人的健康提供建议和帮助，一般而言，"主治医"住的地方不会
   离老人的家很远，需要定期上门查看老人的健康状况。因为"主治医"一词容
   易与中文的"主治医师""主治医生"混淆。为防止混乱，本书统一译作"家
   庭医生"。

第 3 章

已 经

不 需 要

养 老 机 构 了

我不想去养老机构的原因

在本书的读者当中，是否有人坚信死的时候要么得在医院里，要么得在养老机构里？

我在第2章中已经反复说过，医院不是死的地方。政府也不打算再建昂贵的医院了，而且将来拨打急救电话的话，医院应该也不太愿意接收老人。大家知道护理保险是为了转移医疗保险的成本而产生的吗？不仅如此，没有一个老人在医院里是快乐的，因为医院本来就不是一个让人生活的地方。

既然如此，那如果选择在养老机构里去世会怎样呢？最近，有越来越多的养老机构提供临终关怀服务。那些逐渐衰老的老人，也没有必要再专门送到医院里去了。有些养老机构会要求老人在入住的时候提交同意书，同意临终前由家属和工作人员在房间里对老人进行临终关怀，不再进行非必要的医疗干预。

养老机构是否合适，每个人的感受不一样。但说实话，不管是养老机构，还是"日托中心"[1]，我都不想去。因为我讨厌集体生活。长谷川和夫医生是老年认知障碍症方面的专家，他曾认为日间护理对认知障碍症患者非常重要，但我听说，他自己患上认知障碍症以后去体验了一下日托服务，仅仅一天他就说再也不想去了。这让我恍然大悟，其实希望老人去日托中心的是家属，家属不希望老人待在家里。不能否认，有些老人被骗去或者被哄去日托中心体验一下，有可能会觉得确实不错，然后可能还想再去，但我们要知道并不是老人主动想去日托中心的。这和小孩子被送进托儿所是一个道理的。

在养老机构，你一天24小时的生活起居都可以在里面进行。这种地方我们称之为"全控性机构"（total institution），它最典型的代表就是监狱。所以，从某种意义上来讲，养老机构就像是一个监狱。而且，在监狱里，除非你被判处终身监禁，否则你总有一天可以离开，但在养老机构里，除非你死了，否则你别想离开。当然，养老机构是允许你外出的，但是要在工作人员的监管下外出，连回家和家人过个夜也要获得许可才行。我参观过一个很先进的养老机构，他们的负责人非常自豪地跟我说："您看我们这个吧台是不是很棒？！"于是，我反问他："那住在这里面的人会经常来喝酒吗？"他答道："那……不太多。"我心想这就对了！如果你想小酌一杯，那你让护理人员直接带你到附近的小酒馆去岂不是更有趣！一个全控性机构，不应该只是让我们一天24小时生活在里面那么简单，而应该还能够让我们在里面娱乐，散心。而在一个功能齐全的生活圈里，有聚会的场所、咖啡馆、餐厅、小酒馆，还有图书馆、体育馆等。如果这些地方能够实现无障碍通行的话，那么不管是坐轮椅的人，还是患有认知障碍症的人，也就能够自由来往。如果这些地方的工作人员持有护理师资格[2]，或者接受过帮助认知障碍症患者的相关培训等，那我觉得，那些专供老年人集中居住的场所也会消失的。

由于总量限制，养老机构的数量不可能随心所欲地增加。因为建筑成本很高，所以从国家到地方，其实都不愿意增加。如果增加了养老机构，那么当地的护理保险费肯定要上涨。尤其是在寸土寸金的大城市，一张床位的成本实在是太高了。

服务型老年公寓好吗？

　　服务型老年公寓的出现，弥补了养老床位不足的现状。因为其获批的门槛很低，所以如雨后春笋般出现。有些地方甚至出现了供过于求的情况，好些房间都空着。与养老机构不同，老年公寓只是把房子租给你，如果你想外出的话不会有人管，当然如果你在屋子里摔倒了什么的，那是你自己的责任，公寓方是不会承担任何责任的。而所谓"服务"，也就是提供每日三餐，确认一下你是否平安。这类公寓以前一般叫"自助式服务型老年公寓"或者"居住式服务型老年公寓"，但如果你能够"自助"的话，那还有必要专门离开自己家去租住老年公寓吗？服务型老年公寓的经营者经常会建议，如果你下定决心要来，最好还是趁身体健康赶紧搬过来……因为那样可以早一点适应集体生活。对于有些人而言，周围没人会让他们觉得不安，所以，服务型老年公寓可能会适合这部分人。此外，据说有些女性入住服务型老年公寓之后，就从做饭当中解放出来了。樋口惠子女士今年89岁，她发明了一个词，即"烹饪退役"，听说和她同一代的女性对这个词很有共鸣。我十分理解这些女性的心情，她们在丈夫退休以前每天要做早晚两顿饭，而丈夫退休以后白天也待在家里，所以午饭也得做，这样一天要做三顿饭，肯定早就烦死了。另外，有些不会做饭的丈夫，如果在妻子去世以后入住服务型老年公寓，至少三餐能够有保障。不过，既然住进去了，那就不得不忍受那些不尽如人意的饭菜。我有一个比我年长的朋友，她自从住进营利性养老院以后，就一直在抱怨那里的食物非常难吃。长年做饭的女性，在饮食方面肯定有很多自己的讲究。

这种自助式服务型老年公寓虽好，但有一个问题，那就是当你需要护理的时候该怎么办？最近有一个趋势：医疗、护理、居住相结合的服务增多了。越来越多医疗行业的相关人员正致力于建设以医疗机构为主导、以医疗和护理服务为主要业务的服务型老年公寓。对于医疗机构，金融业也很乐意借钱给它们吧!

目前,护理行业最赚钱的模式是,在服务型老年公寓的基础上,另外增加上门护理以及上门护士、上门医疗的服务。服务型老年公寓的房租加管理费每个月大概是 15 万日元,如果加上每个月固定几次的上门护理,再加上上门护士、上门医疗以及临时性的出诊等费用,每个月是 20 万~30 万日元。从用户的角度来看,这个费用与稍微好点的营利性养老院差不多。

但我无法理解的是,对于这种将医疗、护士、护理服务捆绑在一起的医疗机构,用户们竟然趋之若鹜。厚生劳动省似乎也注意到了这个问题,所以做出规定:如果到同一栋建筑给好几个患者提供上门诊疗的话,医生的诊疗费要降低,并让护理援助专员引导大家使用多个服务提供商的服务,等等。不过,我担心的是,一旦患者住到这种服务型老年公寓里,如果中途想更换家庭医生,应该会很困难。

临终关怀的市场也是良莠不齐,鱼龙混杂,既有“妈妈之家”(由“宫崎居家临终关怀”运营)那样的良心品牌，也有奸商。这里讲一个真实的案例。一家位于名古屋的服务型老年公寓和医疗机构相互勾结，专门接收那些虽已出院但仍离不开医生的患者，尤其是别的地方不愿意接收的那种胃造瘘老人。与这家老年公寓合作的一家医院经常派医生去看诊，每位患者每个月的医疗费账单都超过100万日元。[3] 最终这家老年公寓被政府发现问题并取缔了。住在这家老年公寓里面的人，每个月交的使用费大概是15万日元，这笔费用和"妈妈之家"的收费一样。而且，竟然还包含了临终关怀的费用。被指控的经营者辩解道："那些患者的家属非常感激我们，我们从来没有收到过任何家属的投诉。"我没想到天底下还有如此恬不知耻的黑心经营者。因为他们接收的全部是胃造瘘老人，连厨房和厨师都不需要，可以多赚好多钱。

目前，服务型老年公寓的服务质量几乎处于无人监管的状态。最近，老年公寓也能提供临终关怀服务了，而且有些老年公寓口碑确实不错。如果有更多的服务商进入这个领域，相互竞争，将来也会优胜劣汰吧。那样当然也不错，只是那样一来，我们似乎也没有必要一定要离开自己家，专门住到老年公寓里去过集体生活吧。因为在自己家里就不用付房租了，然后和老年公寓一样，让服务商给我们提供上门护理、上门护士、上门医疗的全套服务就可以了。

该把日本列岛搞成"收容所列岛"吗？

已经不需要养老机构了——这是我的立场。目前的养老机构虽然还不够，但也没必要再增加了。一旦建了，最后可能会尾大不掉。毕竟建成以后肯定需要有人管理，需要雇用工作人员，床位也不能空着亏损。我听说那些养老机构过剩的地方已经开始争夺老人了。2015年实施的医疗护理一揽法（《医疗护理综合保障推进法》），对入住养老机构的条件进行了严格界定，只有需护理等级达到3以上[4]的老人才可以进入养老院，如此一来，排队等待入住养老机构的老人顿时锐减。即便这样，仍然有29万人在等待入住，要想将这么多人全部吸纳，还得建多少养老机构？要是都建了的话，那日本就真成了"收容所"了吧！

没有一个老人喜欢养老机构和医院。这是我在实地走访后得出来的结论，对此我深信不疑。医院不是根据患者方便与否，而是根据医务人员方便与否来规划建造的。我们之所以能够忍受医院，是因为我们坚信自己迟早会出院。可是养老机构不同，一旦进去了，就要到死才能离开。建筑师外山义写过一本书《不是自己家，却似在自己家》（医学书院，2003 年），提倡养老的理想模式应以单间特别疗养为基础。2003 年，厚生劳动省的官员也提出了"新型特别疗养"（所有房间皆为单间）的补助方案，但仅仅实施了三年，就开始对单间的用户收取住宿费，官员们的理想遭遇了挫折，而服务提供商则认为政府这样变卦无异于过河拆桥。不过，从我的角度来看，这种单间特别疗养模式是一种转向居家护理的过渡性产物，我始终相信，将来它会获得应有的历史定位。事实上，从全世界的趋势来看，老年人的护理已经完全从机构护理转向居家护理了。在丹麦，1988 年的法律就已经禁止建造新的养老院，原来的养老院变为所谓"护理住宅"，供老年人居住使用。但实际上，有些只是将原来养老院的单间进行了扩充改建，每个房间都装上了信报箱而已。不管怎样，这种"护理住宅"的理念基本上就是，要让住在里面的老人尽可能地独立生活。但如果是那样的话，住不住集体住宅，又有什么差别呢？而且我怎么都无法理解的是，为什么一定要把老年人集中起来，居住在一个地方呢？

老年人就像半个残疾人，但不管是老年人还是残疾人，都应该正常地居住在满是男女老少的正常街区里。只要我们的街区做出改变，那就再也不需要什么养老机构了。

临终关怀的成本：医院＞养老院＞居家

　　有很多读者可能已经明白居家临终是可行的了，但不免又担心自己孑然一身没有亲人，而居家临终可能需要花很多钱。当家中人手不够的时候，就只能依靠他人了——日本的护理保险也是基于这个想法，所以一开始并没有考虑到独居老人居家临终的情况。护理保险的"需护理"认定制度，规定了使用护理保险的上限额度。如果你的花费超过了上限额，那超过的部分则需要自己全额负担。

　　那么，居家临终到底要花多少钱呢？肯定有很多人对此感到不安吧。

　　现在各地有越来越多的医生从事上门诊疗，其中涌现出了一些大神级的上门医生。有些名医还写了书，介绍自己是如何做临终关怀的。比如德永进医生的《居家临终关怀札记》（讲谈社，2015 年）、小堀鸥一郎医生的《经历死亡的人们——上门诊疗的医生与 355 名患者》（美篇书房，2018 年）、川越厚医生的《独自一人在家安稳离世的方法》（主妇与生活社，2015 年）等等。这些医生里面，有的文笔很好，写的内容非常感人——但是好无奈啊，不知道是不是因为他们品位高雅，他们都没提到费用问题。那到底居家临终要花多少钱呢？我绝不认为这是一个不严肃的问题。

小笠原文雄医生跟我合著出版了《上野千鹤子问：小笠原医生，独自一人居家临终可行吗？》之后，自己又出版了《多么幸福的临终啊》（小学馆，2017 年）。这是一本非常好的书。为什么呢？因为这本书明确写到了居家临终所需的成本。下面的表格所列的是一位年过八十的独居老人临终前三个月所花的费用，这位老人姓上村（化名），患有认知障碍症。我曾跟随小笠原医生去过他家里。后来，小笠原医生联系我说："我最后遵照上村本人的意愿，在他家里给他做了临终关怀。"

上村临终前三个月个人所承担的费用

		第一个月（31 天）	第二个月（28 天）	第三个月（17 天）
医疗保险	医生	64 480 日元	67 670 日元	200 920 日元
	药费	14 200 日元	12 200 日元	11 600 日元
	护士			61 300 日元
	小计	78 680 日元	79 870 日元	273 820 日元
	个人承担	7 860 日元	7 980 日元	8 000 日元
护理保险	护士	9 710 日元	31 000 日元	
	护工	296 290 日元	275 000 日元	227 380 日元
	居家疗养管理费	2 900 日元	2 900 日元	2 900 日元
	小计	308 900 日元	308 900 日元	230 280 日元
	个人承担	30 890 日元	30 890 日元	23 028 日元
自费	护工	36 820 日元	42 310 日元	
	交通费			150 日元
	死亡诊断证明等			20 000 日元
	小计	36 820 日元	42 310 日元	20 150 日元
合计		424 400 日元	431 080 日元	524 250 日元
个人实际承担		75 570 日元	81 180 日元	51 178 日元

* 医疗保险规定，75 岁以上的老人如果持有"医疗限额适用、个人承担额度减免认定证明"，那每个月个人承担的费用不超过 8 000 日元（此金额为当时的规定）。

出处：《多么幸福的临终啊》（小笠原文雄，小学馆，2017 年）

根据这个表格，我们可以看出，医疗保险个人承担的 10%，加上护理保险个人承担的 10%，合起来大概是 3 万～4 万日元。这里面还包含了上村自费请护工的费用，因为临终前的三个月上村觉得夜里比较不安，所以让护工增加了夜间陪护。这样算下来的话，每个月总的花费是 40 万～50 万日元，个人承担的部分只有 7 万～8 万日元。我一直强调，在家独自临终虽然多少要花点钱，但花不了太多。可以说，上表的数据证实了我所言非虚。

说完个人承担的费用，你是不是想问，那政府承担的费用高不高？毫无疑问，现在政府之所以推荐人们居家临终，是因为这样对政府来说更划算。前面我说过，在医院做临终关怀的成本最高，其次是养老机构，最低的是居家临终。具体的平均值我不知道，但我看过一个数据，在医院临终的话，每位患者去世前一个月的平均诊疗费超过 100 万日元。对于老年人来说，因为有高额医疗费减免制度，个人承担的医疗费可能不多，但因为病房通常是多人间，如果要住单人病房或者人数少的病房，就要自己出钱补差价。有的医疗机构认为，如果让临终患者与其他患者待在同一间病房里的话，其他患者心理感觉会不好，所以建议把临终患者转移到单人病房里。而且，为了能让家属聚在一起尽情悲伤，临终患者通常也都是单独住一间。在医院，单间和多人间的差价很大，单间与高级酒店的房费[5]价格差不多，所以如果一个将死的老人在医院的单间里住上好几天，那他的家属需要补交的差价应该会不少。即便运气好，能够入住临终关怀专用的病房区，这种病房区原则上也是单人间，所以费用也不低，每天要4万多日元。

养老机构现在也能够做临终关怀了。这些机构里如果有处于临终期的老人，机构方的负担会增加。不过，能做临终关怀的机构，很贴心地涵盖了临终关怀的费用，所以用户只要缴纳固定的费用就可以了，不需要额外支付其他费用。但这些机构是需要花费建设成本的，而这些成本已经以居住费的名义摊在使用费里了。如果是单间特别疗养的话，居住费大概是7万～8万日元，而每个月的使用费大概是14万～15万日元，这样一扣减，实际上这些机构的服务费每个月也就是7万～8万日元，和前面表格里所列的上村居家临终的个人承担费用一样。如果在养老机构里是四人间的话，那使用费差不多只要一半就可以了。但同样的价格，待在家里肯定更幸福吧！如果老人是独居的话，那家里所有的房间都是单间啊！特别是那些自己有房子、不需要交房租的老人，我完全搞不懂他们为什么要专门花钱住到养老机构里。如果将那部分居住费用于购买其他自费的医护服务，肯定会受到更好的照顾吧！

"在家独自临终"需要花多少钱？

一说到在家独自临终，有的人肯定会担心费用要高到天上去。他们似乎坚定地认为，临终期的老人必须有人一天 24 小时陪着才行，但其实就算是在医院或者养老机构里，临终期老人也不是一天 24 小时都有人看着的。工作人员只是每隔几个小时来察看一下而已。这样的话，就跟护理人员定期上门巡回护理没什么两样。在医院里，医护人员没来察看的时候，会通过监护仪来监测病人的身体状况。只有当监护仪的警报响起，护士才会赶过来。小笠原医生把这种情形下的死亡称作"医院内的孤独死"，因为护士们是轮班制的，一拨又一拨忙忙碌碌，老人们是在监护仪的监护下离世的。所以，如果你实在担心的话，可以在家里装一个紧急呼叫按钮。要是连紧急呼叫按钮都按不了，那可以装个跟医院一样的监护仪，用来监测呼吸、血压、血氧水平等，再把监护仪远程连接到医疗中心就可以了。我想，就今天的科技水平而言，这应该不是什么难事。

我说过，日本的护理保险没有考虑到独居老人在家做临终关怀的情况。政府的方针似乎是，如果你想提升临终期的生活质量，那你可以自己花钱购买相应的服务。对于那些医疗保险不给报销的自费项目，你可以跟公费项目搭配使用，对此厚生劳动省是非常鼓励的。比如，《构建社区综合护理体系过程中，官方护理保险之外服务的参考实例——保险之外服务的使用指南》（厚生劳动省、农林水产省、经济产业省，2016 年）等报告就介绍了能够提供此类自费服务的服务商的一些招牌服务。

当然，自费项目也不便宜。有些服务商直接按护理保险规定的价格（使用者全部自费），有一些则是采用了自己的收费标准。有一家叫作"优雅护理"的机构，因为可以由用户指定自己想雇的护工，所以在业界很有名。我咨询了该机构的负责人柳本文贵，问他迄今为止在家里做临终关怀的案例当中，个人自费花得最高的有多少，他告诉我是每个月 160 万日元。

你是不是被这个金额吓到了？其实我反倒松了一口气。一天 24 小时，一个月 30 天，无论你多么努力，老天爷也不会多给你一分钟让你花钱了。我又问了柳本先生，该案例的老人临终期是多久。他告诉我大概是两个半月，总的花费是 400 万日元左右。临终期不是遥遥无期的，终有一天会结束。如果是这个金额的话，我想但凡有点储蓄的日本老人应该都拿得出来吧！据小笠原医生说，在家独自临终的费用从 30 万到 300 万日元不等。也就是说，如果你拿得出这些钱的话，你就能够独自居家临终了。不仅如此，有些独居老人没有继承人，死后会留下相当可观的遗产。这样，所有的遗产都会充归国库。我不禁想，与其充归国库，还不如活着的时候把钱花掉，生活得好一点。

后来，我还从小笠原医生那里听到了更多的好消息。他说："对于独居老人的临终关怀，我已经积累了很多的经验，现在可以在医疗保险和护理保险所规定的个人额度内提供临终关怀了。"

所以，在临终关怀这件事上，有钱没钱，各有各的做法。就像美食有昂贵的，也有平价的，不是只有法式大餐、水陆八珍才是美食，也有很多普罗大众承受得起的美食。最重要的是，金窝银窝不如自己的狗窝，对于老人而言，能够待在熟悉的家中和这个世界告别，简直不要太幸福！

正如小笠原医生所说的那样，临终关怀领域的一线经验水平正在不断提高。在过去，不论是机构护理还是上门护理，对护理人员的安排都是有讲究的，有些护理人员对临终关怀也会感到恐惧。所以，机构方的负责人以及护理援助专员们做了很多努力，比如，选派经验丰富的工作人员去护理临终期的老人，再比如，增加相关工作人员的补贴。不过，随着一线护理经验的增加，大家开始明白老年人的死亡是一个温和而缓慢的过程。正如有医生写书时直接以"死时不需要医生"为题那样，我们死的时候确实根本用不到医生。医生的唯一用处就是，在老人死后开具死亡诊断证明。如果老人生前就有固定的家庭医生来上门诊疗的话，那么死的时候就算没有医生在场，家庭医生也能开具死亡诊断证明。

对于自己所负责的患者，有的家庭医生比较讲究，觉得老人临终的时候自己应该在场，所以不论是半夜还是一大早都会出诊。而有的家庭医生，对于那些时日无多的患者，在接到其家属报丧的电话后，会等到天亮再前往患者家中。而在家庭医生到来之前的这段时间里，则由上门护士和家属一起完成入殓事宜（比如，给死者化妆、整理仪容）。

最近，我常听一线的护士这样说："死的时候不需要医生。只要有我们护士在就可以了，我们完全能做临终关怀。"

不仅如此，随着护理人员经验水平的提升，他们也说："死的时候，不需要医生和护士，我们护理人员也能独自做临终关怀。"

仔细一想，其实在过去，老人在家中去世时的临终关怀，一直都是由家属们完成的，而他们既不是专业的医生也不是专业的护理人员，完全就是门外汉，但那时根本不存在做不了临终关怀这一说。

在家里做临终关怀，护理人员会感到恐慌，这其实已经是很早以前的事情了。专业人员在经历过实际的临终关怀以后就会明白，居家临终关怀其实是一个很温和的过程，随着经验的不断积累，他们的自信心也会增强。

我在前面说过，老年人的死亡是一种缓慢的死亡。老人在日常生活中一天天缓缓地走向死亡，而这一过程，护理人员都是看在眼里的，他们看得出来老人大概什么时候会不行。我在上一本书中已经写到，这种时候，护理人员就可以跟老人远在他乡的子女打声招呼，通知他们带上丧服回来。所以，如果你不希望自己去世的时候是一个人，而是希望有人守在你旁边的话，也完全可以实现。不过，对于我这样平时都是独居的人来说，临终时如果有一堆亲人朋友围在身边，想想就觉得太不现实了。如果可以的话，我还是希望能够独自静悄悄地离开这个世界。

1　日托中心（Day Service），老人白天在此度过，晚上回家。类似我国的"日间照料中心"。

2　护理师，日语全称为"介護福祉士"，他们主要对需要护理的人提供护理服务。在日本要成为护理师，需要通过国家统一的资格考试，近几年的考试通过率大概在70%。

3　日本医疗费一般是患者个人负担三成，政府负担七成。因此，医院开出的账单越贵，就意味着医院需要找政府报销的费用越高。据公开数据，2017年日本65岁以上老人的平均医疗费用为738 300日元，75岁以上老人的平均医疗费用为921 500日元。本书所提到的案例当中，每个老人都超过了1 000 000日元，明显是不正常的。

4　需护理等级为3，指的是吃饭、排泄、洗澡、穿衣等无法自理、需要依赖护理的老人，或者患有认知障碍症的老人。

5　这里说的高级酒店是与快捷酒店相对而言的。高级酒店每天的房费为一万日元到数万日元不等，快捷酒店则一般为4 000～8 000日元。

第 4 章

"孤独死" 并不可怕

如果你害怕自己"孤独死"后
才被发现，那我想对你说……

　　我30多岁离婚，一个人过了30年。因为没有孩子，所以我一直过着随心所欲的生活，但现在老了，我很惊慌。我很担心再这样下去，说不定某一天我就孤独地死去了，死后才被人发现。

　　经常会有人跟我诉说上面的这种烦恼。对此，我想说：完全不用担心！

　　"孤独死"一词广为人知，是因为从事后事处理工作的吉田太一写了一本畅销书，叫《遗物整理人所看到的！》（扶桑社文库，2009年）。有的死者，死后好几周甚至好几个月后才被发现。有些遗体在炎热的夏天里都融化了，渗到榻榻米上，那真是臭气熏天，邻居实在忍不下去了终于报警，于是房东也来了，打开门一看……那扑面而来的恶臭，就连读者都能感同身受，仿佛置身现场。

不过，我读完该书以后，却松了一口气。因为，根据这本书，孤独死的人绝大多数是男性，而且年龄都是55岁到60多岁的。这些人甚至都不算是老年人（在日本，65岁以上的人才算是老年人）。也就是说，从这些事例我们可以看出，孤独死其实是属于中老年男性，而非老年女性的问题。

孤独死的人，生前就过着孤立无援的生活。孤立无援的生活会导致孤独死，所以，只要活着的时候不是孤立无援，就不必害怕会孤独死。独居女性完全不用害怕。为什么这样说呢？因为和男性独居者不同，很多女性独居者都有自己的朋友圈。

说到这，有一点让我觉得很纳闷。日本社会认为上班族是社会人，但不认为家庭主妇是社会人，可奇怪的是，男性上班族多年工作所积攒下来的社会经验和人脉，在他们老了以后却派不上一丁点用场。有的人会说，男性上班族积攒的不是作为"工作人"的经验和人脉，而只是作为"公司人"的经验和人脉。既然是"公司人"，那离开公司以后派不上用场也是很正常的。而且，男性的社会经验人脉大多是基于利害关系的，没了利害关系，可能也就不会来往了。顺便说一句，我从来不认为男性是理性生物（笑～）。因为很多男性并不是靠理性，而是靠利害关系驱动的。

孤独死的男性生前之所以会过上孤立无援的生活，和这些人没有家人有关系。他们有很多人是没有结婚或者已离婚的。就"终身未婚率"（指年满50岁尚未有过结婚经历的比率）来看，男性已经达到四分之一，女性则是七分之一。而30～39岁这个年龄段的未婚率，据说男性是三分之一，女性则是四分之一。如果这些人一直不结婚的话，将来"终身未婚率"也会不断上升吧。

离了婚的人，虽然都有过自己的家庭，但离婚后的男性和女性，生活截然不同。日本法律规定，离婚以后父母双方只有一方可以拥有孩子的监护权，而最终母亲拥有监护权的情况占到了80%以上。离婚后的女性，虽然是单身，但很可能会成为单亲妈妈，且一直单身，不再结婚。她们可能会遭受贫困，但她们和自己辛苦拉扯大的孩子之间是有牵绊的。与此相对，在日本，离婚后的男性，不仅倾向于放弃孩子的监护权，而且往往不会足额支付精神损失费给女方，就连事先商量好的孩子抚养费也会经常拖延。也就是说，离婚以后，日本的父亲往往会轻易抛弃原来的家人，而作为"回报"，他也会被家人抛弃。其实，在离婚之前，父亲与孩子的关系大多早就已经疏远了，所以离婚时，当那些大一点的、能够表达自己意愿的孩子被问到要跟谁过的时候，大多是选母亲，不选父亲。

　　一说到离婚后的独居男性，我的脑海中首先浮现的是清原和博——曾经的棒球英雄。他和妻子离婚后，越来越依赖毒品，最终被逮捕了。能够填补他的空虚和孤独的竟然只剩下毒品了，这真是让人不寒而栗。即便是他这样一个将身体和意志都锤炼得十分坚强的英雄，内心竟然也这般脆弱。

"孤独死"的定义是什么？

　　关于孤独死，目前还没有一个明确的定义。《平成29年（2017年）版老龄社会白皮书》里面介绍了东京法医医务院[1]所统计的东京23个区的数据（尽管由于最近的丑闻，该统计数据也遭到了质疑）。根据该统计，孤独死的人数呈现出逐年增加的趋势，2015年一年就高达3 127人。另一个数据是由都市复兴机构（原"日本住房国营公司"）统计的。该机构所管理和运营的74万套住房当中，2015年发生了179起孤独死，其中不满65岁的大约占四分之一。

　　对于孤独死，都市复兴机构是这样定义的："租户在独居、无人照料的状态下，因为生病或非自然原因而死于出租屋内，且一定时间（通常超过一周）内未被发现的事故，称为孤独死。但是，如果租户平时有家人或熟人来往照顾的话，则不视为孤独死。此外，自杀及他杀也不视为孤独死。"

之所以没有全国性的统计数据，是因为每个地方对孤独死的定义不太一样。比如，都市复兴机构所说的"一定时间"，东京的规定是 24 小时，其他地方则是从 48 小时到 72 小时不等。

如果将迄今为止的各类统计数据综合起来看的话，满足以下四个条件，即可定义为孤独死：

1. 独居者在家中死去；

2. 死的时候没有见证人在场；

3. 不属于刑事案件；

4. 死后超过一定时间才被发现。

接下来让我们一条条来看。

首先是第 1 条，如果单身户一直增加的话，那么将来在家中去世的独居者就会越来越多。根据 2015 年的统计数据，在有（65 岁以上）老人的全部家庭当中，如果只看老人这个年龄层的话，那单身户占到了 26.3%，而如果看所有年龄层的话，单身户的比率已经达到 34.6%。不管是老年、中年，还是青年，单身户的比率都在增加，30～39 岁的孤独死的人数也在增加。

从二战之前到二战结束后不久，还没有"孤独死"这一分类，但有一个名为"行路死"的分类。在柳田国男的《明治大正世相篇》（东洋文库，1967 年）中，讲到了一个在城市里流浪的老人。这个老人将祖祖辈辈的牌位小心翼翼地放在包里，背在身上。这是一件令人印象深刻的事情，它象征着人口城市化背景下旧有乡村和家族结构的瓦解。这个老人最后被发现死在了路边，因此被归类到"行路死"当中。

关于第 2 条"死的时候没有见证人在场"，我将放到后面说。

第 3 条"不属于刑事案件"，指的是"既非自杀也非他杀"以及"不属于非自然死亡"。日常生活中，经常会发生这样的情况：某个人死在家中，然后警察介入，一通调查，接着尸体会被送去解剖，一去不回。因此，有的人很担心自己会遭遇同样的情况。其实，在许多情况下，发现尸体的人是可以判断死者"既非自杀也非他杀"的，所以发现尸体的时候，只要不拨打报警电话也不拨打急救电话就行了。那该怎么做呢？如果人都已经死了，那拨打急救电话又有什么用呢？而如果不是可疑的死亡，那报警干什么呢？所以，这种情况下要通知家庭医生，由家庭医生出具死亡诊断证明以后，遗体就可以送去火化了。

要注意，"猝死"属于"非自然死亡"。如果一个人今天还活蹦乱跳，明天却突然去世了，这当然很奇怪。所以，那些希望自己生前健健康康、死时十分突然的人，本质上是希望自己能够"猝死"。年轻人的话，可能会因为急性心力衰竭而猝死，但老年人反而没有这方面的担心。随着年龄的增加，老年人基本上都会进入所谓"虚弱期"，需要人护理。如果接受了官方的需护理等级认定，按照相关规定，一定会给你指派一名护理援助专员，如果你有慢性病的话，还会给你指派家庭医生。人是慢慢变老的，所以老年人的死亡过程是缓慢的，可以预见的。老人猝死的案例非常少。如果你希望自己老了以后猝死，几乎是不可能的，而且如果你真的一点征兆没有就死了，那肯定会给家属留下遗憾与悔恨。因此，避免自己猝死反而是最好的。

如果有护理援助专员和家庭医生的话，就能够出具死亡诊断证明。根据医师法的规定，医生必须在病人死亡前24小时内对其进行过治疗，才能开具死亡诊断证明。但在实际操作当中要灵活很多，只要老人属于家庭医生上门诊疗的对象，该家庭医生就可以出具死亡诊断证明。因为家庭医生上门诊疗的频率通常是两周一次，哪怕临终期很近了，也就是一周两次而已，只有到了非常严重、生命没剩几天的地步，医生才会每天都来察看。如果医生的诊断书里将死因写作"心力衰竭"或"衰老"等，那就意味着病人什么时候死都不会让人感到惊讶，哪怕真正的死因并不明确。既然是将死之人，那一般就不会有人还专门要去杀他，也就不会有人怀疑是刑事案件。这样一来，周围人在发现老人死了以后，就不会惊慌失措地去报警或者胡乱拨打急救电话了。他们接下去要做的，是给护理援助专员、上门护士服务站、家庭医生打电话。

在守护与监视之间

关于第 4 条"死后超过一定时间才被发现"中的"一定时间",有各种各样的定义。媒体报道的"孤独死"一般是死了几周到几个月都没被发现的案例。有的老人甚至像人间蒸发了一样,去世好几年都无人知晓,被发现时已成白骨。有的还是在房间里的被褥上死去、化为白骨的,真不知道住在隔壁房间的家属在那种状态下是怎么生活的。为什么家属不跟政府部门报告老人已死呢?一个常见的原因是为了继续领老人的养老金。那么,像这种情况就不能归入孤独死,因为它不符合上述的第 1 条定义"独居者在家中死去"。

关于"死后一定时间"的规定,各地没有统一的标准。东京的规定应该是 24 小时,不过我听一线的从业人员抱怨过,希望政府能够放宽这一规定。如果将 24 小时放宽为 48 小时或者 72 小时，统计数据肯定会马上变得不一样。各地比较常见的标准是"超过一周"。如果死在夏天，那尸体很容易腐烂；死在冬天，若一直开着暖气，尸体腐烂也是很快的。在很多案例当中，老人是死在浴室里的，如果浴缸带有恒温装置的话，据说尸体会在浴缸里融化成泥。那样的画面，哪怕只是想一下都觉得非常恐怖，但对当事人来说，在泡澡的过程中死去说不定是一件幸福的事情。

既然"孤独死"指的是"死后超过一定时间才被发现"，那防止"孤独死"的关键，就成了我们能否更快地发现老人已死。只要发现得够快，就不会被统计为"孤独死"。然而，老人之所以会"孤独死"，之所以死了一段时间都没人发现，是因为他们平时就过着孤立无援的生活，没人来看望他们，而并不是因为死后一直没人发现，他们才"孤独死"的。因此，所谓"防止孤独死运动"，其实应该改成"防止生活孤立无援运动"。最近，我们看到有越来越多的地方每天对独居老人进行一次问候，确认其是否平安。

不过，这里面有一个很大的误区，那就是独居不意味着孤立无援，和家人住在一起也不意味着可以放宽心。香川县[2]高松市的实践结果也印证了这一点。高松市以大胆推动地方政府改革而闻名，它与70多家私营企业合作，构建起一个守护独居老人的网格化系统。合作的私企里面，除了有大家很容易想到的邮局和送报公司，居然还包括电费、煤气费和水费的抄表公司，真是令人佩服。一个人在日常生活当中，不可能不用到水。哪怕只是冲一下马桶，水表的表针都会走动。所以，如果哪个独居老人家的水表一整天都没动的话，确实就有理由怀疑他可能出了什么事。

我猜地方政府之所以热衷于构建这样的守护系统，是因为它们不希望被报道自己的辖区内发生"孤独死"。当然，这是我的猜测。不过，这个守护系统里也有一个误区。地方政府所守护的对象是单身户的独居老人，然而，现实中发生的两起孤独死都不是单身户。其中有一起是两位老年姐妹，她们都死在了室内；另外一起则是一位年迈的母亲和她40岁出头的残疾儿子，可能是母亲先倒下了，然后无人照顾的儿子也死了。这两个案例暴露了此前工作的盲点，即在那之前，政府所关注的都只是独居老人而已，因为大家普遍认为"有家人在，就可以放心"。可见，就算有家人，偶尔也会发生整个家庭孤立无援的情况。就"独居者在家中死去"这一孤独死的定义来看，上述的案例肯定是不符合的，那它们会被统计到"孤独死"当中吗？

我在高松市参加过一个与老年人护理相关的研讨会。当时一位加入了该守护系统的民生委员[3]的发言给我留下了深刻的印象。他说："这个守护系统和监视系统差不多。"这让我想起二战期间左邻右舍所结成的"邻组"[4]，那也是一个互相监视的系统，真是一个毫无个人隐私、让人窒息的监控社会啊！如果亲属们真的害怕老人孤独死——但大多数情况下，这种害怕其实是一种自私的表现，因为亲属们只是想避免麻烦，毕竟，如果家里有人孤独死，传出去很不好听——那干脆在老年人的房间里都装上摄像头或传感器好了！如果传感器24小时都没反馈的话，就直接破门而入好了！那样才是终极监控社会吧！

当然，你也不用担心真的会孤独死。因为大多数老人不可避免地要进入"虚弱期",这个时候护理保险就会发挥它的作用。通过"需护理"认定的老人的比率,是随着年龄的增加而上升的。90 岁以上(超过平均寿命)需要护理的老人的比率,女性为 83%,男性为 67%。也就是说有七八成以上的老人,是在护理保险的保障下告别这个世界的。只要官方认定了你需要护理的等级,你就会有专门的护理援助专员上门护理,会有日托服务。所以,一周里面,至少会有人出入你家两次,这样一来,就不至于出现死后一周都没人发现的情况了。

死的时候需要有见证人在场吗？

　　前面说了"孤独死"的三条定义，接下来我想说一下第 2 条"死的时候没有见证人在场"。

　　话说回来，对于一个即将去世的人来说，有没有见证人在场，真的很重要吗？对于一个独居老人而言，一个人独居原本就是常态，虽然可能也会有人来访，但他们不可能一天 24 小时都在。所谓独居就是独自一人生活、独自一人老去、独自一人接受护理……然后有一天，独自一人去世。这有什么特别之处吗？像我这样的人，独自一人便是常态，如果死的时候有一大堆亲朋好友围在我的床边，我反倒会觉得不自然。

　　其实，就算和家人住在一起，去世时家人也可能在睡觉，或者出门不在家。哪怕是农村地区那种三代同堂的家庭，因为年轻人白天全都要出门干活，所以需护理等级为

4 或者 5 的卧床老人白天独处的情况并不少见。现在这个年代，你家的媳妇怎么可能 24 小时哪儿都不去就待在家里。所以，如果一个老人在家人没注意到的时候去世了的话，是不是也算"死的时候没有见证人在场"？

可能很多人会觉得，待在养老机构或医院里就可以避免孤独死了。但其实在养老机构里，工作人员也是每隔几个小时才巡视一次，有的老人完全有可能在工作人员没来巡视的时候去世。在医院也是如此，护士并不是 24 小时紧跟着的。医院里装有各种连接到护士站的监护仪，病人一旦有什么异常，警报就会响，这时才会有工作人员赶过来。这种情况其实也不属于死的时候有见证人在场，而是由机器来报告病人已死。这还不算什么，要是赶过来的医生真的按照操作指南，对病人进行电除颤或心肺复苏，那就太惨了，本该平静肃穆的死亡现场可能会变成像火灾现场那样一团糟。

日本居家临终关怀协会的会长小笠原医生把这种情况称为"医院内的孤独死"。所以说，在医院或者养老机构临终，并不意味着死的时候一定会有见证人。

顺便说一下，小笠原医生一贯主张应该由当事人自己选择何时死亡，比如，等自己很喜欢的孙子到了以后才咽气，让自己最中意的护工守护然后才咽气，等等。我听过很多不可思议的故事，比如，曾有医生说，有的老人明明已经不行了，但家属强烈要求医生采取（不合理的）措施延长一下老人的时间，至少要等老人的长子赶到。以前，小笠原医生总说他给很多独居者做过临终关怀，但死的时候真的是一个人的，一例都没有。而我觉得那不过是因为他们诊所做的独居者临终关怀的案例还比较少的缘故。后来他们做得多了，眼看案例就要到三位数的时候，我就问："是不是有的人是静悄悄地死去，身边一个人都没有？"他回答道："是的，而且情况各不相同。"看，我说得果然没错！

不过，也有人认为不应该让逝者独自死去，而应该"抱着他们，送别他们"——这个人就是致力于培养临终关怀师的柴田久美子女士。一直以来，柴田女士主张"不管一个人的人生多么惨淡，只要他们生命的最后一刻是幸福的，那他的人生就是成功的"。而支撑那最后一刻幸福的，据说是临终关怀师。我和柴田女士有过一次对谈，记录在《护理行业的大神们》（亚纪书房，2015年）一书当中，当我说"我将来要独自一人死去"的时候，柴田女士说："我不会让你独自一人离世的，我会抱着你将你送别。"（笑～）

我曾采访过西条节子女士，她住在"COCO湘南台"（一家集体养老机构）里面。她说有一位癌症晚期患者入住以后，为了避免该患者走的时候是一个人，大家就分组轮流去看护，没想到最后该患者却直言："请你们偶尔也让我一个人静一静吧。"真是太好笑了！我在采访的时候最喜欢听到这类趣闻了。

我在演讲的时候也问过听众："当你死的时候，你是否希望儿孙们围绕在你身旁？""你是否希望有人握着你的手？"对于这种问题，我感觉不同地区的听众，反应很不一样。比如，在某个农村地区，老年男性会毫不犹豫地举起手来。但在某个二三线城市，听众都愣住了。而在首都东京一个能容纳500人的会场里，老年女性们却纷纷摇头。就算希望死的时候有人握着你的手，也不是随便一个人就可以，至少也得是自己爱的人。难道握着护工的手也可以？如果你活得足够久，那你可能不得不面对你爱的人一个接一个比你早走的宿命。

我曾经问过做临终关怀的医生：人在临终的时候，会知道谁在身边吗？有的医生说："不会知道的，因为人死的时候，大脑里面会分泌一种叫作'大脑麻药'的激素——内啡肽，它会让人处于一种兴奋状态中。这样一来，旁边有谁在也就无所谓了。"而有的医生却没那么肯定，只是说"谁握住了他的手，当事人应该是不知道的吧"。我又问："你们医生又没有真的经历过死亡，你们是怎么知道的呢？"有的医生说，通过观察临终者的死亡过程就能看得出来。

有的医生认为，人的五感当中，直到最后一刻还有感觉的只有听觉，所以我们跟临终者说话，他们是听得到的。我听过一个故事，一位老人快去世了，身边围满了儿孙，但当孙子靠在老人的被子上，不停喊着"爷爷——爷爷——"的时候，老人却用很清晰的声音说道："别吵啦！"由此可见，老人是想安安静静地走的，并不希望家人打搅他。

　　我有一位独居的老朋友，他孑然一身，他的临终关怀我是拜托住在鸟取市的德永进医生做的。我的朋友做完舌癌手术后就失声了，所以德永医生通过笔谈和他交流，确认了他希望居家临终的愿望。某天早上，当护工来的时候，发现他已经死在床上了。后来德永医生告诉我，我的朋友在去世前已经整理好身边的一切东西，做好了一个人独自离世的准备。他精通书法和篆刻，对酒和茶也很挑剔，性格狷介孤高，这样的临终方式非常适合他。

临终见证情结

　　那么，到底是谁更在乎死的时候有没有见证人在场呢？是临终者，还是其亲朋好友？从媒体的采访中，我们可以看出其实是后者。我将这种心理称为"临终见证情结"。我有一个朋友，长期在家中照顾她的母亲和一个孩子，但她母亲刚好在她外出之时去世了，对此她一直很自责。我觉得她陪护了那么长的时间，哪怕最后咽气的一瞬间没有在场，其实也没什么关系，但她本人一直无法释怀。在那之前，她肯定有很多的时间跟自己的母亲道别，表达感恩之情，没必要非得在最后一刻紧紧依偎在母亲的床前吧。在超级老龄化社会里，死亡是可以预见的，是缓慢到来的。因此，我觉得有机会的话，完全可以先跟临终者告别，表达感谢之情，不一定非要留到最后一刻。

　　我听说石牟礼道子 5 女士临终的时候，身为她的盟友、

103

知音的渡边京二[6]先生却离开了现场，当时在场的人说他是因为哭得太伤心回去了，他本人却说，他早就和石牟礼女士道过别了。

临终关怀师柴田久美子女士介绍过作家濑户内寂听[7]女士的一段话，这段话是濑户内女士在谈到玄侑宗久[8]先生的小说《阿弥陀佛——无量光明》（新潮社，2003 年）时说的，大意是，一个人去世的时候，会传递出巨大的能量给身边的人，那个能量大到可以将 529 个长度为 25 米的泳池的水同时煮沸。这个数字是怎么测算出来的，我表示怀疑。不管怎样，根据柴田女士的说法，如果逝者的亲朋好友不去接收这些能量，真的是一种浪费。不过，这样一来，我越发觉得，执着于临终时要在场的，其实是做临终关怀的这一方，而非临终者本人。

我有一位日本朋友，她在澳大利亚从事护理工作。她跟我讲过这样一件事情，澳大利亚的一位老人已经处于生命晚期了，她的儿子只是回来看望一下就回英国去了。对于澳大利亚人来说，找工作的时候，只要工作地属于英语圈，他们都会接受这份工作。所以，如果有澳大利亚人跟你说他们的子女离得远，那绝不是假话，是真的很远，完全可能分散在世界各地。这位母亲半年后去世了，护理人员通知了她住在英国的儿子。没想到她儿子回答道："我已经跟我母亲道过别了，所以她的后事就交给你们了。"我的朋友在跟我讲这个事情的时候，说："没想到还有这样的道别方式！反正作为日本人，我是接受不了的……"对于这种道别方式，我倒是觉得在不久的将来也可能会在日本出现。

最近，我一直在想，道别和感谢完全可以在对方还健在的时候进行。为什么一定要等到最后一刻才在母亲的病榻前哽咽地说："妈妈，作为您的儿子，我很开心。"这种话早一点说出来难道不好吗？日本人的性格比较害羞，这种话平时难以启齿，总想着以后再说，可是子欲养而亲不待，随着年龄增大，父母会越来越迟钝，所以，不要等到父母去世以后，才后悔这也没有说那也没有问，你完全可以在父母头脑还清醒的时候跟他们说，想说几次都可以。最近，我想着人与人的相遇可能只有一次，所以，在和朋友聊天的时候，要有意识地去表达"你当时很热情地帮我，我一直都记得"，"我就是喜欢你这一点"，等等。毕竟人死了以后，不管你在葬礼上念多么动听的悼词，逝者都永远听不到了。每当我和同龄的朋友们见面的时候，我心里都会想"下次见面的时候，不知道还能不能凑这么齐"，而当我们又见面的时候，我会想"啊，又见面了，真好!"，心里美滋滋的。

我希望推广"在家独自临终 © 上野千鹤子"

一个老人独自生活，直到最后去世，有什么错吗？为什么要被称作"孤独死"？我实在不喜欢这个叫法，所以创造了"在家独自临终"这个中性的、清楚明了的新词。目前，在日本只有我一个人在使用这个词，所以，我说这个词的版权是属于我的。当然，这就是开个玩笑，我完全不会收什么版权费的，我希望有更多的人来使用和推广这个词。

上门护士服务业的领导者菅原由美女士在其主导的"CANNUS"[9]的活动通讯中写道："别再把没有见证人的死亡称作'孤独死'了！"对此我深表赞同。如果改变一下"孤独死"的定义，那"孤独死"的统计数据会很容易发生变化的。就像日本政府的那些"带有欺骗性的统计"一样，只要换个调查方法或者变一下选项类别，统计数据就会发生变化。最直接的例子就是"需护理"等级认定，仅仅将"需支援"[10]移了出去，统计结果就有了明显的变化——需要护理的老年人数直接减少了。将来有一天，如果将老年人的定义变更为 75 岁以上（事实上，日本老年学会已经给出这样的建议了），那老龄化率的统计数据肯定也会变化的。

所谓消除"孤独死"的运动，其实只要人死后能快点发现，就能圆满完成。但是，比起早一点发现人死了，真正的问题是，死者生前就过着孤立无援的生活，这一点我们更应该牢记。

1　日语为"東京都監察医務院"，其职责是对东京范围内非自然死亡的尸体进行检查和解剖，分析死者的死因。

2　日本的"县"相当于我国的"省"。

3　日本的民生委员制度始于 1917 年。现在的民生委员主要受厚生劳动省大臣的委托，在各自的片内区开展民生工作，为当地居民提供咨询和帮助，努力提升当地居民的社会福利水平。

4　"邻组"是二战期间日本政府为便于控制民众而建立的一种地区基层组织，以十户左右为一组，类似于我国古代的保甲制度。日本战败后，于 1947 年废除了"邻组"制。

5　石牟礼道子（1927—2018），日本小说家、诗人、环保运动家。

6　渡边京二（1930— ），日本思想史家、历史学家、评论家。

7　濑户内寂听（1922—2021），日本小说家，天台宗尼姑。

8　玄侑宗久（1956— ），日本小说家，临济宗僧侣。

9　CANNUS 是 Can 和 Nurse 的合并缩写，是一个创办于 1996 年的志愿者组织，主要由护士组成，为日本护士护理集团（Nursecare Group）的前身。当时，日本的护理保险制度还未实施，该组织主要提供当时的制度未能覆盖的一些（有偿）服务。

10　需护理认定的结果共有三大类：能自理、需支援、需护理。按等级从低到高，"需支援"又细分为需支援 1、需支援 2 两个等级，处于"需支援"状态的老人，日常生活基本能够自理，但需要一定的帮助，比如，自己能够洗澡，但无法自行清洗浴缸。

第 5 章

患上认知障碍症要怎么办

?

社会上充斥着容易引起恐慌的言论

　　我在上一本书（《独居者的晚年》）中坦承，对于认知障碍症我是发怵的。虽然在家里做临终关怀不是什么难事，独居的各种困难也能克服，哪怕是癌症，我也是不带怕的……因为这些都是我自己做得了主的，但如果我失去了自主决定的能力呢？当认知障碍症发展到重度的时候，就无法继续待在家里由家人照顾了，更何况我还是独居。所以，一直以来我都觉得，如果我患上认知障碍症的话，那我注定是要住到养老机构去的。

　　我曾咨询过相关领域的专家："认知障碍症患者有没有可能独自居家临终？"专家回答我："嗯……很难。"所有护理当中，认知障碍症独居者的居家护理，或许是难度最大的。如果说这一领域是"护理的秘境"，那么我的上一本书已经开启了对这一秘境小心翼翼的探险。其实，我说对认知障碍症发怵，是一种委婉的说法，如果让我把真话讲出来的话，那就是我根本不想看见、不想听见、不想思考跟认知障碍症有关的话题，也就是说，我持一种完全逃避的态度。为什么我不想面对认知障碍症这一话题呢？第一，我清楚认知障碍症老年患者的悲惨境遇；第二，我对自己患上认知障碍症感到恐惧；第三，我对认知障碍症有偏见。

对于认知障碍症，社会上充斥着各种容易引起人们恐慌的言论。最经典的当属有吉佐和子女士的《恍惚的人》（新潮社，1972年；新潮文库，1982年）。书中真实描绘了一个把粪便弄得浑身都是的老年男性认知障碍症患者，让读者看得胆战心惊。

之后，认知障碍症更是有了"早发现、早绝望"（其他病则是"早发现、早治疗"）的说法，让那些即将迈入老年的人更加恐惧，让人觉得，随着认知障碍症一步步加深，患者迟早会变成废人。认知障碍症的成因目前还不清楚，人们也不知道该怎么预防，怎么治疗。有的人认为，认知障碍症只是人衰老以后的正常现象而已。仔细一想，其实在过去，大家都觉得人老之后痴呆了是很正常的，根本不会将其当作病人，直到近些年，老后痴呆的人才被当成病人，还给起了个"认知障碍症"的病症名。（当然，认知障碍症也是五花八门的。像路易小体认知障碍等明显有异常行为和症状的认知障碍症，可以被认作一种疾病。）

"新橙子计划"是"毒橙子"

　　厚生劳动省预测，到 2025 年，日本的认知障碍症患者将达到 700 万人，也就是说，每 4 个老人里就会有 1 个患有认知障碍症。所以，厚生劳动省于 2012 年制订了《认知障碍症对策推进五年计划》（简称"橙子计划"），又于 2015 年制定了《认知障碍症对策推进综合战略——建设对认知障碍症老人等友好的社区》（简称"新橙子计划"）。确实也有一线的专家说，人过了 75 岁以后，认知障碍症的发病率会上升，入住养老机构的人中有八成以上都是认知障碍症患者。后来发病率下降，变成每 5 个老人里有 1 个是认知障碍症。但是，因为老人的基数在不断增加，所以新的预测是 2017 年认知障碍症患者将超过 800 万人，而到 2025 年将超过 1 000 万人。

　　厚生劳动省为了应对"700 万人认知障碍时代"而提

出的"新橙子计划",虽然不是给白雪公主吃的那种毒苹果,但也好不到哪里去,专门报道医疗福利的大熊[1]记者称其为"有毒的蛋糕",精神科医生高木俊则模仿"橙子计划"这一称呼,将其称为"有毒的橙子"。为什么这么说呢?因为如果真的出现大量的认知障碍症患者,那家庭和养老机构肯定护理不过来,到时等待这些患者的就是磨刀霍霍的精神病院和制药公司了。

高木俊医生的原话是:"在我们不知不觉间,大收容的时代将再一次开启。'新橙子计划'就像一颗被巧妙注入了毒素的果实。不是给白雪公主吃的那种毒苹果,而是带了毒素的橙子。现在大多数国民还认为该计划与自己无关,虽说眼不见则心不烦,但该计划确实是一个有毒的橙子。接下来,在这个国度里,当逐渐老去的我们在某个晴朗的清晨醒来的时候,会突然发现,自己已经被控制在精神病院的某个病房里了。"(《给白雪公主的是毒苹果,给你的是眼不见则心不烦的毒橙子——"新橙子计划"与认知障碍症大收容时代的到来》,《精神医疗》4-80,2015 年)

众所周知,日本的人均精神病院床位数比其他国家多得多，而且平均住院天数也更长。最近，随着精神疾病领域的医疗改革不断推进，缩短住院时间、让患者回归社区的行动正式拉开帷幕。但是，病人出院后空出来的那么多床位，如果不填满的话，医院就经营不下去了。于是，对于院方来说，最好的客人莫过于老年认知障碍症患者。有些医院甚至已经把空置的住院楼稍加改装，变成了支援认知障碍症患者生活的地方。表面上它们变成了养老机构，但实质上仍是医院内的病房，只不过换了个名头而已，在这里养老与住院没啥两样。

你选择被关起来，还是选择吃药？

虽说精神病院会接收家人和养老机构都照顾不了的患者，可是认知障碍症患者在精神病院里会接受什么样的"治疗"呢？要抑制患者的周边症状，即所谓"行为和精神症状"（BPSD），如谩骂、暴力、自残、伤人、幻听、妄想、异食症、乱涂粪便等，有两种手段：一种是物理性抑制，比如，把患者绑起来或者关在房间内；另一种为生理性抑制，即让患者服用精神类药物。不过，即便患者会有谩骂行为，大部分也是"这是哪？！让我回家！我想出去！"这类十分合理的要求。患者大概都是被家人骗来的，所以回家是天经地义的要求。对此，精神病院则只会通过给患者喂药和限制患者的活动来抑制。虽然患者确实会变得温顺，但那其实等于失去了活力。

哪怕不是在精神病院，而是在接收老年认知障碍症患者的养老机构里，患者的待遇也是大同小异。当有患者说他想出去走走的时候（如果患者身体还健朗的话，当然会想出去散散步吧），如果哪家养老机构同意并派工作人员陪同，等患者走累了再回来，就会传为美谈，毕竟很少有机构能这么做。为什么呢？机构方给出的理由是，人手根本不够。我曾在东京的一家营利性的高级养老院里，见过一位认知障碍症患者在一条笔直的走廊上来回走动。该患者其实是住在上一层的，可电梯设有密码，他无法自由来去。当我问工作人员为什么让患者在走廊上走来走去，工作人员回答，因为患者说他想散步，所以就让他到走廊这边来走一走。那个时候楼外洒满了明媚的阳光，患者应该很想出去沐浴阳光吧。有些养老机构里还专门设有环形走廊，供人一圈圈地散步，可是不管设计理念多么好，对于患者本人而言，到室外去比待在室内，更能让他们高兴。所以，我很失望，万一我患了认知障碍症，等待我的就是这种命运啊……

　　再说另一种手段——给病人喂药。据说像安理申（Aricept）这样的药物可以抑制阿尔茨海默病，不过一旦开始服用，终身都不能停，这一点跟降压药以及治疗糖尿病的药相同。而且，随着症状加重，药量会一步步加大。而"700万人认知障碍时代"是一个巨大的市场，这也难怪各家制药公司摩拳擦掌了。当我读了东田勉的《认知障碍症的"真相"》（讲谈社现代新书，2014年）以后，感到很惊讶，因为书中说加大药量一点好处也没有。药量增大以后，患者会变得没精神，虽然变得温顺了，但那是因为大脑的活动受到了抑制。事实上，我问过周围的人，他们都说减少药量或者停用药物以后，精神状态反而变好了。

我有一个年轻朋友，她的母亲住在养老机构里面，但是她每次去看望母亲，都发现母亲面无表情。她猜她母亲可能被喂了什么药，询问机构方也得不到明确的答复。她担心这样下去，母亲会变成废人，于是四处奔走，要把她母亲从机构里救出来。她来找我商量的时候，我听得脊背直发凉。这位母亲还有一个女儿，拼了命地想把她从养老机构里拯救出来。可是孑然一身的我，一个孩子也没有，真不知道将来会是什么遭遇。

我最近从近藤诚的新书《这个药会让你变痴呆！避免

变成"化疗脑"的13个智慧》（学阳书房，2019年）当中学到一个专业术语，"化疗脑"。这是一个形容药物治疗所引起的脑损伤的术语，据说在欧美已经广为人知。这些药物包括治疗认知障碍症药物、降压药、降胆固醇药，以及很多一旦开始服用就很难停掉的治疗慢性病的药物。2019年，"致力于改善老龄社会的女性协会"对老年人用药的实际情况进行了调查，并发布了相关报告。大家都知道日本人服用的药非常多，但该报告指出，有相当多的受访者表示，他们没和医生商量就把药停了。最近，让药剂师加入多工种协作团队的重要性被频频提及，但对我来说，如果我真的成了一个需要护理的人，我一点都不希望他们管我吃药。

我在演讲中，会这样问听众：假设我们这些人当中，每5个人就有1个会患上认知障碍症，你们觉得会是谁呢？到时如果让你选，你是更喜欢被关起来，还是更喜欢被喂药呢？对于五分之一的老人而言，等待他们的将是被关起来或者被喂药的虐待，还美其名曰是为了抑制患者的行为……真的太过分了！

寻求"避难所"的家人

大熊一夫[2]先生曾经潜入一家精神病院暗访，在住院楼深处发现了一个牢房般的房间，房间上了锁，肮脏不堪，里面关着一个老年认知障碍症患者，浑身沾满自己的排泄物，大熊一夫被惊得目瞪口呆。我想现在的精神病院住院楼里，应该已经见不到此种场景了。但是，如果想要找到被喂了药、没有力气谩骂和实施暴力行为、如同行尸走肉的老人，应该不是什么难事。

在《朝日新闻》每周六的特别增刊上，有一个专栏叫"每个人的最终乐章"，连载过医生、护士、护理等专业人员给老人做临终关怀的逸闻趣事。2019年3月到4月连载的是细井尚人医生的文章。他是千叶县袖浦市皋月台医院认知障碍症疾患医疗中心的负责人。皋月台医院里也有内科、外科等，除去这些，仅在精神科的住院楼和治疗认知障碍症的住院楼里，病床就有 218 张，这已经占到了该院 409 张病床的一半以上。而且，治疗认知障碍症的住院楼应该是由精神科的住院楼改装而来的，由此不难推测，他们医院原来的经营有多么依赖精神科的病床。（"治疗认知障碍症"这个叫法，其实很容易引起误解，因为即便是现在也没有治愈认知障碍症的方法。）不管怎样，我非常关心认知障碍症患者在这家医院会受到什么样的待遇，会以什么样的方式逝去，所以每期连载我都读得非常仔细，可最终也没有看到任何跟治疗相关的细节，也没有任何患者的心声，我所看到的都是细井的决心——"对于那些无处可去的认知障碍症患者而言，我们这里就像是一个避难所""我知道，让认知障碍症患者长期住在精神科的病房里直至临终，社会上是有批评声音的，但我还是觉得眼下我们仍然需要这样的一个'避难所'。今后我也会继续为认知障碍症患者提供这种'住的地方'与'死的地方'"。最终，通过六期的连载，我彻底明白了：需要这种"避难所"的其实不是患者本人，而是患者的家人；治疗认知障碍症住院楼拯救的也不是患者本人，而是患者的家人与制度的缺陷。

独居的认知障碍症患者心情好的原因

入住养老机构的人，有一大半是家人决定让他们去的，根本不是他们自己想去的。为什么呢？因为他们当中很多人都患有认知障碍症，缺乏自主决定的能力。所以，那些被家人骗来的老人说"放我出去""让我回家"是再自然不过的要求，绝不属于谩骂，也不属于妄想。那么，独居的认知障碍症患者又是怎样一种情形呢？高桥幸男医生是一名认知障碍症护理专家，在众多精神科医生当中，他因不使用药物而出名。他提出了一个"机关理论"，根据该理论，认知障碍症患者的那些异常行为深处都有一个"机关"，而制造该"机关"的人就在患者周围（《认知障碍症不可怕——基于正确知识与理解的护理》，NHK 出版，2014 年）。这就意味着独居的认知障碍症患者处于该"机关"不会触发的一个环境里。虽然流行病学上能够证明该理论的事例不多，但是高桥医生根据自己所经历的临床病例指出，"独居的认知障碍症患者的行为心理症状，给人感觉是比较轻的。兴奋和暴力的情况也明显较少，拒绝护理、想要回家、认错人、幻想自己东西被人偷了、幻想别人嫉妒自己等症状也不多"，"和有家人的认知障碍症患者不同……独居者不会天天受家人责备，所以压力非常小"。太好了！不仅是高桥医生，我还咨询过多位认知障碍症领域的医生，他们也说独居的认知障碍症患者周边症状更稳定，所以日子过得也更开心。（当然具体到个人的话，也是有个体差异的。）

那么，读者可能要问，独居的认知障碍症患者可以自己一个人在家生活吗？当然！就算有一天你无法像往常一样自理了，只要有上门护理服务，吃饭和洗澡的问题就能解决。而且，如果是自己所熟悉的护工来服务，也不会像入住养老机构那样有抵触感。如果你已经做不了饭，那就委托服务商送餐好了。就算是认知障碍症患者，只要你把饭菜端到他面前，他也会睁开眼睛吃的。毕竟，一个人想要活下去，食欲是关键。所以，只要还能吃，就大胆地吃，以愉悦的心情去面对衰老的进程，等到哪一天不能吃了，卧床不起了，无论是否患有认知障碍症，护理都是一样的。事实上，患有认知障碍症的独居老人最后在家里独自临终的例子，现在也能听到一些了。

---

1 原文为"大熊**ゆき**"（Yuki），据译者查证，或为"大熊**ゆきこ**"（Yukiko），汉字表记为"大熊由纪子"。她大学毕业后在日本朝日新闻社工作了 17 年，负责该报社医疗、福利、科学领域的社论，现为日本国际医疗福祉大学教授。

2 大熊一夫，原为日本朝日新闻社记者，后任大阪大学教授，2002 年退休。1970 年，大熊一夫伪装成一名酒精依赖症患者潜入精神病院暗访，揭露了精神病院对患者的虐待行为，从而推动了日本的精神疾病领域的医疗改革。另，前文提到的"大熊由纪子"是他的妻子。

第 6 章

迈向一个患上认知障碍症以后

依然美好的社区

你永远不知道谁会患上认知障碍症

前面说过，到了 2025 年，不仅二战后第一波婴儿潮出生的那批人都会超过 75 岁，而且还可能迎来"700 万人认知障碍时代"，每 5 个老人就有 1 个可能患上认知障碍症。谁会患上认知障碍症，我感觉这是一个概率问题。目前，关于认知障碍症患者的流行病学研究，仍是众说纷纭，有人认为糖尿病患者容易得认知障碍症，有人则认为有正常社交活动的人不容易得认知障碍症，还有人认为耳背的人容易得认知障碍症。有些日托服务，为了避免老人的认知能力衰退，拼命地让老人做预防认知障碍演练。

但我觉得做这些都没啥用，因为我有一些学术上的前辈，他们智力很高，也保持着很强的好奇心，但你完全想不到，他们最后竟然也患上了认知障碍症。毕竟，就连著名的精神科医生长谷川和夫都被报道患上了认知障碍症，要知道他提出的"长谷川测量表"在诊断认知障碍症方面可是很有名的。

不仅如此，我曾经参观过一个集体养老院，这个养老院可以接收认知障碍症患者。我发现，不知什么原因，住在里面的人好多原来都是教师。我原来也是一名教师，所以，我得做好心理准备，将来我可能也会患上认知障碍症。而且，我想，与其徒劳地避免自己患上认知障碍症，不如提前考虑好，如果真的患上了认知障碍症，我该如何接受和应对那样一个现实。

患有认知障碍症的独居老人
真的不能居家养老吗？

　　我经常听护理援助专员和护工说，患有认知障碍症的
独居老人是无法居家养老的。为什么呢？对于一个认知障
碍症老人，怎么判断他什么时候不能再待在家里了？该由
谁来做这种判断呢？而且，如果不能待在家里的话，是不
是应该把他送到医院或者养老机构里去？

　　在一次护理援助专员和护工的学习会上，有人提到了
这些问题。于是，我紧追不放地问：出现什么状况，才能
判断一个患认知障碍症的老人不适合继续待在家里。得到
的回答是："有异食症时。"这个难懂的专业术语，换个大
家好理解的说法就是，当"老人会把乱七八糟的东西往嘴
里塞"的时候。我追问道："那您说的这个'异食'，能说
得更仔细一点吗？"对方回答道："就是老人半夜可能饿
了，会在家里咬冷冻食品。"我觉得关键在于咬的是什么东

西。咬冷冻食品的话，又不会死人。冷冻食品那么硬那么冰，老人咬一会儿肯定就不咬了吧。而且，老人能从冰箱里拿出冷冻食品来，刚好证明老人清楚地知道冰箱里面是有食物的。不管怎么说，我觉得有"异食症"行为的人，哪怕是喝洗衣液，肯定也会因为气味难受而吐出来的，不可能一直喝到致死。

患认知障碍症的老人无法居家养老的另一个例子是这样的。某年的夏天，有一位护工到老人家时发现，老人竟然赤身裸体出现在她面前。那年的夏天确实非常热。而且，开空调能防中暑这件事，不管你跟老人说多少次，总有很多老人还是不习惯开空调。所以，有的老人洗完澡出来就习惯光着身子凉快，啥也不穿，大家如果试一下就会知道那样确实非常爽。因此，我觉得老人之所以光着身子，肯定有他们自己的理由。

当然，为了防止大家误解，在这里我得多说一句。如果一个老年男性并未患有认知障碍症，而是精神失常，明明知道女性护工要来还故意光着身子，那完完全全是一种性骚扰行为！藤原瑠夏女士在她的《护工不是应召女郎》

（幻冬舍新书，2019 年）一书中，就揭露了上门护理过程中可能遭遇到的各种性骚扰。我觉得护工绝不应该忍受性骚扰，不论护理的报酬有多高。

回到刚刚的话题。我继续追问护工："那么，老人在家中赤身裸体，到底是谁更困扰呢？"我觉得老人本人肯定是一点都不会感到困扰的，他只会觉得很舒服。可能会感到惊讶的是护工，但那本来就是在老人的家里，是老人的私人空间。只要老人不是光着身子出门，就没有任何问题。而且，就算是认知障碍症患者，如果自己觉得冷了，肯定也会穿点衣服，出门的时候肯定也会穿上鞋子。所以，面对"谁更困扰"这一诘问，有一位护理援助专员用非常苦恼的表情说道："是我们（护理的人）感到困扰。"

果然如此！那为什么他们会感到困扰呢？因为周围的目光会指责他们。如果是你家的老人赤身裸体，那你肯定也会担心，别人知道了会指责："你们怎么能不管呢？""你们都不要面子了吗？""虽然是一家人（但也不能那样子啊……）"，等等。而这样一些指责声，肯定已经根植于护理人员的心中了。

被我诘问的那位护理援助专员，也反问我了："那么，请问上野女士，如果主人公（赤身裸体）是您自己的话，您接受得了吗？"

我说："YES。"

我是真的觉得没关系，毕竟，我本人觉得舒服的话，我还是希望周围的人也能接受。虽然可能有点不雅，但觉得不雅的也是周围的人，而不是作为认知障碍症患者的我。而且，时间久了，周围的人也会习惯的。

认知障碍症的另一"异常行为"，就是排便排尿异常，即随地大小便。之所以会出现排便排尿异常，是有原因的。有人是排便排尿的指令无法正确传达到大脑；有人是找不到厕所；有人则是找着找着实在憋不住了。有些认知障碍症患者不知道是不是自己也觉得随地大小便不对，为了不让自己没面子会把粪便藏起来……这一类的事情经常听得到。

我从某位护理援助专员那里听说了这样一个案例。有一位父亲患上了认知障碍症，他自己一个人住，而他的儿子儿媳则住在附近新盖的房子里。这位父亲会在家中的榻榻米、走廊等地方随地大小便，所以一进他家里，屎尿的气味熏人。护工上门来的时候，也只能默默地去打扫。周围的人都很不解，老人的儿子儿媳明明可以把父亲接到新盖的房子里，为什么偏偏不那么做呢。实际上，老人的儿子是在跟护理援助专员商量之后，才下定决心，不把父亲接过来一起住，因为父亲的家就是父亲的家，他自己在家里想怎样就让他怎样。通过这种方式，儿子保护了自己的妻子，确切地说，是保护了他们夫妻二人的关系。

给我讲这个案例的护理援助专员深有感触地说："其实，只要家人们做好了思想准备，就算是患有认知障碍症的老人，也是可以独自一人居家养老的。"

患上认知障碍症是自作自受吗？

　　木之下彻——认知障碍症方面的专家，对于认知障碍症患者的护理现状非常不满，时常抨击。他认为认知障碍症不是病，而是一种正常的衰老现象，那些所谓"周边症状"根本称不上症状，只有出现了"核心症状"，才能认为老人患上了认知障碍症。如前所述，以不使用药物而著称的精神科医生高桥幸男，曾在《认知障碍症不可怕——基于正确知识与理解的护理》一书中指出，患者的"周边症状"深处一定有一个触发这些症状的"机关"。认知障碍症患者会生气、悲伤、悔恨……这些都是正常行为。纳粹集中营的幸存者维克多·弗兰克尔指出："在一个不正常的环境当中，有不正常的反应才是正常的。"(《夜与雾》，美篶书房，1985 年）诚哉斯言！那些被家人骗到养老机构的认知障碍症老人，叫嚷着"我要回家"，我们能说那是一种

"不正常行为"吗？相反！那是一种理所当然的、声嘶力竭的正当诉求。

因此，木之下彻医生不认为认知障碍症是一种病。既然谁都可能患上认知障碍症，那所谓预防也没有什么意义。所谓预防认知障碍演练，不仅起不到预防作用，而且一点乐趣都没有。

每当我听到"预防认知障碍症"的时候，就觉得不舒服。我们的杂志上满是所谓预防认知障碍症的"清单"，号召你现在就做起来；而各种与认知障碍症相关的讲座也往往座无虚席，这些讲座都在跟你说，现在做些什么还来得及预防认知障碍症；各种报道也让人觉得认知障碍症是很可怕、很麻烦的病。这些都在不断加剧着人们对认知障碍症的恐惧感，以至于有了"早发现、早绝望"的说法。

那么，哪些病容易引发认知障碍症呢？经常被谈到的就是：糖尿病、耳背、睡眠呼吸暂停综合征、牙周病等。但这些病也只是流行病学上的相关因素而已，它们是不是认知障碍症的罪魁祸首还不清楚。即便有相同的症状，也是有些人会出现认知障碍，而有些人却没有出现认知障碍。比起这些，我更担心的是，随着这类相关性数据的不断增加，越来越多的人会认为，患上认知障碍症是个人造成的。而这种想法是很恐怖的。

平时，人们会跟你说"你要每天多运动"，"要多跟人交流"，这样可以"预防和治疗一些不良生活方式导致的疾病"。但如果你得了认知障碍症呢？那人们可能会数落你："我不是早就跟你说过了吗！让你平时要多注意！你肯定没照做，所以才得了认知障碍症。"像多运动，多跟人交流，预防一些不良生活方式导致的疾病什么的，肯定是百利而无一害，但不一定适用于预防认知障碍症。

我至今都记得，当我的母亲被诊断出癌症的时候，她的一位奉行糙米素食主义的朋友竟然跟她说："所以，我早就跟你说了，你要吃糙米素食。（那样就不会得癌症了！）"简直胡说八道！后来，母亲的这位朋友自己也得了癌症。对于癌症患者来说，如果有人跟他们说这是自作自受，那他们心里肯定会非常难受。

如前面提到的，我认识的好几个每天都散步、好奇心也强的朋友，还是患上了认知障碍症，包括提出被奉为认知障碍症诊断圭臬的"长谷川测量表"的长谷川和夫医生。2019 年 9 月 26 日的《朝日新闻》报道了长谷川医生的日常生活。据他的妻子说，他即使犯了错也会马上忘记，所以他不会感到沮丧……我想这就是"痴呆的功效"，也就是"记忆障碍的功效"吧！

有的人说，如果他得了认知障碍症，他希望能够安乐死。可是，仅仅是患认知障碍症的话，根本没到要死要活的程度。最近，我们能够听到越来越多认知障碍症患者的声音，从而得以知晓认知障碍症患者有些什么感受，以及是如何感受的，旁人做了什么他们会不高兴，以及他们希望旁人为他们做些什么，等等。比如，佐藤雅彦[1]说："得了认知障碍症，生活上虽然不方便，但不意味着不幸福"，"只要有周围人的一点点帮助，我自己一个人也是可以活下去的"。再比如丹野智文，他在 39 岁时被诊断出患有青少年认知障碍症，之后记忆障碍不断加深，可是他说他的笑容反而比以前更多了。他的家庭医生、认知障碍症专家山崎英树说："我们不应该问'能**为**认知障碍症患者做什么'，而应该问'能和认知障碍症患者做什么'。"也就是说，不管有没有患上认知障碍症，大家能悲喜与共地活下去就足够了，当然如果可能，还要快乐地活下去。

社区的作用是"排斥"还是"包容"？

　　如何护理独居的认知障碍症患者，一直是个难题。不过，最近出现了一本书，书名开门见山：《即使患上认知障碍症也能独自一人生活》（Creates Kamogawa，2019 年）。这本书是社会福利法人"协同福祉会"的实践记录，它在奈良市开了一家养老护理机构，叫作"明日奈良苑"。我受邀为这本书撰写了腰封推荐语：

　　　　当我提倡在家独自临终的时候，大家都说不可能。

　　　　对独居的认知障碍症患者进行护理，大家也都说不可能。

　　　　而"明日奈良苑"的实践，将这些"不可能"变为"可能"。

美瑛慈光会（一个社会福利法人，位于北海道美瑛町）的理事长安倍信一是本书的撰稿人之一。他在书中写道："以前我做护理援助专员、提供居家护理援助的时候，最头疼的就是不知道如何帮助那些患有认知障碍症的独居老人居家养老。"其实不仅是这些独居者，那些完全无法自理的重度失能老人，即便与家人住在一起，白天也还是一个人在家，这在护理行业是一个常识。安倍先生的美瑛慈光会经营着一个名为"虹"的小型多功能居家护理中心。该中心的 24 名客户有一半是独居者，而这正是人口不断减少的小城市的真实写照。安倍先生的结论是："即便是独居的认知障碍症患者，只要当地有一个小型的多功能护理机构，他们也能在当地生活下去。"

"明日奈良苑"规模虽小，但功能多样，它是养老机构、服务型老年公寓、日托、短租的多元组合。用户可以选择住在里面，也可以选择白天过来，还能选择让机构提供上门服务。而且，因为工作人员调配灵活，对于那些之前使用日托服务、后面无法再来的老人，这个护理中心可以选派老人熟悉的员工上门服务。反过来，如果有老人要从自己家里搬到"明日奈良苑"来住的话，也会有熟悉的面孔负责接待他们。众所周知，对于患有认知障碍症的老人来说，身边的环境一下子变化太大，会对他们产生负面影响。因此，就算身边的环境发生了改变，但只要他们的熟人还在，他们也就能够安下心来。

"明日奈良苑"在做居家支援的时候，特别注意一件事情，那就是它针对整个社区而不仅仅针对个别用户进行支援。比如，它在新药师寺（位于奈良市郊外）附近有一个老年中心，是建在一个静谧的住宅区里的，据说刚建起来的时候当地社区的居民是反对的。于是，"明日奈良苑"的工作人员就跟社区的居民们讲道理，跟他们说"我们每个人早晚都会走上衰老这条路的"，并让他们看那些居家养老的老人的生活状态，让他们知道老年人的生活绝不是不幸福的。这样一来，有些居民的态度发生了180度的大转变，主动来当志愿者。当地的居民觉得自己将来老了也能那样被照顾，觉得很安心。因此，对于"明日奈良苑"这种着眼于整个社区的态度，我很钦佩。

最近，"社区综合护理"等与"社区"相关的词汇十分流行，"社区"已经变成了一个带有魔力的词，似乎"社区"可以解决一切问题。然而，事实恰恰相反，我所听到的案例表明，社区所起到的作用更多的是排斥，而非包容。比如，不能把患有认知障碍症的老人一个人放在家里的说法，其实就是来自社区的压力——"你怎么能把老人一个人放在家里呢！""万一弄出火灾来怎么办！"这类把老人视为犯罪源的无声压力，肯定让家属们有顾虑。而"明日奈良苑"的工作人员所做的就是消除这种无声的压力，让大家知道，哪怕患上了认知障碍症，也能安心待在家里。

不过，不要错误地认为这种"社区"一开始就是存在的。在社会学上，血缘关系、地缘关系、社团关系等人际关系，都被称为"社会关系资源"。既然是"资源"，就意味着能够产生利益，因为人们认为"社会关系"也是一种能够产生利益的"资源"。简单来说，就是有人脉就能赚钱。换言之，如果人与人之间互相信任的话，就既能降低风险和成本，又能互帮互助，而"社区"这种"资源"有时就是这样。

著名的家庭医生花户贵司始终认为，要想在自己家里做临终关怀，社会关系资源非常重要。不过，花户医生活跃的地方是位于滋贺县永源寺片区的一个农村地区。农村自古以来就遍布各种地缘和血缘关系，甚至可能是一个毫无隐私的地方。这样一个原本就存在社会关系资源的地区能做成的事，其他地区未必也能做成。

"明日奈良苑"所在的地区，是奈良市郊区的一片新兴住宅区。很多居民是在这里买到了梦寐以求的独门独栋的房子以后才新搬过来的，所以在这样一个社区，反倒不存在什么"社会关系资源"。但是，"明日奈良苑"工作人员在这里创造出了"社会关系资源"，而患有认知障碍症的独居老人——被称为"黑洞"的，需要人们帮助的弱势群体——正是这一过程的关键性因素。

社区的存在，既可以起到积极的作用，也可以起到消极的作用。若能包容弱势群体，那它起的便是积极作用；反之，如果它排斥弱势群体，那起的就是消极作用。大阪方言里面有个很出名的翻译词汇，是将"volunteer"（志愿者）翻译成"恻隐（之人）"，当一个人看到别人的境遇，如果能设身处地地想一下"如果我明天也这样了……"，

"如果是我遭遇这种状况的话……"，就会自然而然地成为心怀恻隐的人。这些人完全是自发地想要帮助他人，所以才叫"志愿者"，绝不是出于道义人情、责任感或者被人强迫，才去帮助别人。

但是，因为我们使用"社区"这个概念进行概括，所以也就把这些有着不同出发点的人混为一谈了。

而如果要让怀有恻隐之心的真正的"志愿者"出现，我们就必须让那些能够吸引他人帮助的"黑洞"（弱势群体）被看见，这一点至关重要。我们必须做到信息公开，不要隐瞒患认知障碍症这一事实。如果我们不让别人知道"（我就是认知障碍症患者，）我就在这里，我就是这样每天生活着"，那么一切歧视和偏见都不会消失。而作为家属，你所要做的就是与你周围的人分享信息，让他们知道你的亲人患有认知障碍症，希望他们能稍微关注一下，告诉你什么阶段该做些什么。

认知障碍症患者是怎么想怎么感受的
——当事人现身说法

患上认知障碍症的人，还有自我意识吗？这些年，陆陆续续有认知障碍症患者现身说法。比如在全世界都很有名的澳大利亚作家克丽丝汀·博登，她出版了《我将变成谁？——阿尔茨海默病患者眼中的世界》（Creates Kamogawa，2003年）一书，向全世界传递信息，还到日本做过演讲。几年后，一位名叫克丽丝汀·布莱登的人出版了一本书叫《我将变成我》（Creates Kamogawa，2012年修订版），我一看，咦！这两个作者的名字怎么有点像？没想到果然是同一个人。原来她写上一本书公开自己患上阿尔茨海默病之后，通过相亲和一位叫作布莱登的男子结婚了，所以改了姓。后来，她还和丈夫一起来过日本，想把世界上的认知障碍症患者组织起来。在日本，佐藤雅彦的书《患上认知障碍症的我想对你说的话》（大月书店，

2014年）很有名。他患上认知障碍症之后，周围人认为他已经无法独自一人生活了，都劝他住到养老机构之类的地方去，但他还是选择了一个人生活，他说："我生活虽然不方便，但不意味着不幸福，只要大家能稍微帮一下我，大部分事情我还是做得了的。我还是觉得一个人生活好。"

DIPEX Japan（Database of Individual Patient Experiences Japan，日本病友个人经验数据库）的官网上有一个免费公开的专栏——"健康与疾病的讲述"，其中也有来自认知障碍症患者的讲述（https://www.dipex-j.org/dementia/）。在这个专栏里，有位癌症医生说当他自己也患上癌症以后，才明白了患者的心情，疾病的痛苦只有询问当事人才会知道。在这个专栏里，很多当事人现身说法，讲述自己是怎么痛的，还有周围人做了什么自己会高兴，以及希望周围人为自己做些什么……而当你读了认知障碍症患者的讲述，你才会发现我们对于认知障碍症几乎一无所知，这也是因为我们之前都没有听到过当事人的声音。

导演关口祐加有一部电影，《每天都是阿尔茨海默》（2012年）。影片因幽默地描绘了她护理母亲（阿尔茨海默病患者）的日子而大受欢迎。据关口导演说，她的母亲之前可以说是一个"模范家庭主妇"，在患上阿尔茨海默病以后却好似脱缰的马儿一样，每天过得随心所欲，悠然自得，这让关口导演很震惊，原来母亲其实是这样的一个人。对于这样的母亲，作为女儿的她是欣然接受的，她觉得在生命的最后阶段，反而是因为阿尔茨海默病，母亲才得以解放自我，不再压抑自己，随心所欲地生活。

需要别人护理的老人光是为了活下去，就已经手忙脚乱了。他们只有在自己生活从容的时候，才可能顾虑到周围的人。做父母的之所以会对孩子说"你也有自己的工作，还是早点回去（不用担心我）"，是因为那个时候父母自己还能应付得过来。可是患上认知障碍症以后，就记不起过去，也想不了将来了，只剩下现在。这种情况就跟婴儿一样。当我们还是婴儿的时候，我们是那般地以自我为中心，而随着年龄的增长，我们逐渐压抑自我，这就是成长的过程。等到我们老了，就似乎又一次回到了婴儿的状态：不管过去，不管将来，只活在当下。

我和"生命之课"的实践者、初中教师、癌症患者山田泉（人称"山酱"）见过面。她写过《生命的报恩——与癌症面对面的"生命之课"的每一天》（高文研，2008年）一书。她来见我的时候是打了止痛针的，那时她已是癌症晚期。我送给她一本带有天使插画的新年日历，尽管谁也不知道她还有多少时日，能否活到新的一年。当时有人请她几个月后去做一场演讲，但她很犹豫要不要接受邀请。因为她怕接了以后万一到时去不了，会给对方添麻烦。而我却劝她接受，并脱口而出一句话——"活下去！别跟生命客气！"我自己都很震惊我竟会说出这样的话来。我们是在什么时候失去了婴儿那种想要活下去的能量呢？

活着就要吃喝拉撒，保持清洁，也就是护理的三大块：进食、排泄、洗澡。只要这三块的护理没问题，老人就能活下去，每天醒来以后也就能愉快地度过一天……而在这些护理的背后，是专业的护理人员在努力。多亏有了护理保险，就算我们患上了认知障碍症，也会有专业的护理人员帮助我们，让我们安心生活，对于这样的社会，我们应该感到高兴。

应该委托谁来做"成年人的监护人"？

　　如果你患上了认知障碍症，那就必须委托别人来替你做决定。如果你没有特别指定的话，一般就会由你的子女等家人来代行决定权。但是，就目前我所看到的情况而言，即便是家人，你们的利益也会不一致。比如，老年人想待在家里，家人却不希望他们待在家里。残疾人权利运动的历史已经证明了这一点，即便是父母也无法代表子女的利益，更何况是由子女来代表父母的利益，那更不可能。父母和子女之间的关系是不对称的。子女对父母的好，是赶不上父母对子女的好的。这两者之间的差异举个例子就能看得出来，比如，父母在找托儿所的时候，哪怕附近就有托儿所，也还是要到各处去找一找有没有服务质量更好的托儿所；子女在给父母选择养老机构的时候，却是哪家能最快排上号、最快入住就去哪，很少会像找托儿所那样执着于服务质量。

　　为了保障当事人的最佳利益，"成年人监护制度"[2]应运而生。最明智的做法是，不要指定有直接利益冲突的家庭成员担任你的监护人。随着越来越多的老人不能或不想依靠家人，对成年人的监护人的需求也越来越大。有需求就会有供给。迄今为止，成年人的监护人，主要是由律师或司法文书代写人等专业人士担任，只是他们虽然可以代为管理金钱等，但不对日常起居之类的事项进行监护。其实，担任成年人的监护人是不需要任何特殊资格的。只要被监护人愿意，任何人都可以成为其监护人。最近很流行"市民监护人"讲座培训，但听说培训完了以后很多做法进入"休眠状态"。这其实也不难理解，因为谁也不会粗心到把自己的身家性命随便委托给一个陌生的"市民监护人"，而且，很多时候，只指定一名监护人也是很危险的，因为"好心人"随时可能变成"坏心人"。所以，最好还是指定可靠的社会组织，比如社会福利协会、福利公社、福利生活消费合作社和非营利组织等。而且，如果想让"市民监护人"制度运作起来，最好是让他们到可靠的社会组织去注册登记，以该组织的信誉作为后盾来开展工作。

此外，成年人监护制度还有一个缺陷，那就是合同的有效期问题，只要当事人一死，合同就终止了。所以哪怕当事人临终时监护人在场，那之后的事情（如丧葬事宜），监护人都不会参与。也许正是因为这一缺陷逐渐为人所知，所以现在如果由监护人来操办丧葬事宜，监护人是可以要求支付相关费用的。不过，当事人去世之后的丧葬事宜，比如提交死亡证明、殡葬代领骨灰等，很多监护人还是会另外请志愿者机构来做。

在这样的背景之下，就出现了能够提供一条龙服务的机构，它们将成年人监护人、日常生活监护、死后事务委托这三块统合在一起。其中有一个机构属于非营利组织，名为"人生全支援"，它的负责人三国浩晃先生写过一本书，《独自一人临终吧——到最后也要做自己》（弓立社，2017 年）。我给这本书写过如下的推荐语："当你能自主决定的时候，你可以独自一人生活……但假如有一天你无法自主决定了，那该如何是好？对于这一个问题，老实说我是不安的。但是这本书消除了我的这种不安。"

三国先生有个客户，是一位老太太，之前长期生活在国外。她没有子女，丈夫也已过世，一个人住在公寓里，她的姐妹们一个劲地催她赶紧住到养老机构里去。于是她交了租金，准备去入住。到了入住当天，她孤零零一个人在家里等着三国先生来接她。三国先生到了以后，她问道："我是不是必须住到你们那边去啊……"三国先生觉得这个时候应该要尊重她本人的意愿，便很温暖地支持道："不是的，如果您不想去的话，现在也可以解约啊！"三国先生说，他当时便决定，他要帮这位老太太实现居家养老和居家临终。像三国先生这样的人，会让人放心地将自己的晚年生活委托给他。从这个故事，我们也可以清楚地明白一点，那就是入住养老机构到底是为了谁？与其说是为了老人的幸福，不如说是为了让家人安心。

　　长野县松本市有一家非营利组织，叫作"人生设计中心"，成立于 2001 年。他们说最开始的时候，许多客户的监护人都是官方选定的，[3] 但现在更多是客户提前指定好了监护人。这个中心出版了《告别设计帖——个性化的"临终计划"指南》（亚纪书房，2016 年）一书，我也参与了这本书的一点点编写工作。我问他们："你们做这些能赚钱吗？"得到的回答是"不赚钱"。好在他们服务过的客户偶尔会给他们一些可观的遗赠，他们才得以松口气。仅凭这一点，他们就值得信任。

以“大家将来都会患上认知障碍症”为前提

我们想要的不是一个人人都害怕认知障碍症的社会，而是一个即使患上认知障碍症也能安心生活的社会。如果一个人终日努力，只是为了避免自己患上认知障碍症，那还不如把这份努力用于建设一个可以“放心患上认知障碍症”的社会。我曾经一直持这样的观点。

但见到木之下医生以后，我才恍然大悟。木之下医生是这么说的：“我们应该以‘将来大家都会患上认知障碍症’为前提，我们不是要迈向一个‘即使患上认知障碍症也**不要紧**’的社会，而是要迈向一个‘患上认知障碍症以后依然**美好**’的社会。下一步，我们还要迈向一个‘对认知障碍症**胸有成竹**’的社会。”

正如针对残疾人的无障碍设计那样，一个能让认知障碍症患者舒适生活的社会，对于没有认知障碍症的人来说，肯定也会是一个舒适的社会。所谓衰老，就是我们所有人从健康状态逐渐变成"后天残疾人"的一个过程，不仅身体会变得不自由，头脑和心灵也会变得不自由。而不论这种"后天残疾"的状态，是身或心不自由，还是身心都不自由，我们护理认知障碍症患者的方向，都应该向护理残疾人看齐。我们的目标应该是，社会生活与心灵都实现无障碍。这最好在我患上认知障碍症之前就能实现。

---

1 佐藤雅彦（1954—　　），曾做过初中数学教师，后来在一家计算机公司担任系统工程师，51 岁时被诊断出患有阿尔茨海默病，随即退休。不过，佐藤并未就此消沉，而是积极生活，坚持独自生活了大约十年，目前住在护理中心。代表作为《患上认知障碍症的我想对你说的话》（大月书店，2014 年）。

2 我国也有类似的制度。《中华人民共和国民法典》第一编第二章第二节第二十八条规定如下："无民事行为能力或者限制民事行为能力的成年人，由下列有监护能力的人按顺序担任监护人：（一）配偶；（二）父母、子女；（三）其他近亲属；（四）其他愿意担任监护人的个人或者组织，但是须经被监护人住所地的居民委员会、村民委员会或者民政部门同意。"

3 在日本，成年人的监护人一般有两种选定方式。一种是当事人在还有清晰的判断能力的时候，提前指定自己将来的监护人。另一种则是在当事人的判断能力已经下降，无法自己指定监护人时，由周围的人提出申诉，让法院选定监护人。

第 7 章

死亡可以自主决定吗

？

"自主决定"停止透析事件

我曾经一直害怕的事情果然还是发生了。在东京的公立福生医院里面，发生了一起患者"自主决定"停止透析的事件。

有一名此前一直接受透析治疗肾病的妇女（44 岁），由于停止透析于 2018 年 8 月 16 日死亡。据说在那之前的 8 月 9 日，医院方面给了她一封停止透析治疗的确认书。有些肾病患者每周要接受三次人工透析，也就是要将血液当中的代谢废物通过人工透析的方式排出体外，否则会有生命危险。人工透析是一种很痛苦的治疗，要将病人的血管连到透析器上，时间长的话得七八个小时，这期间病人都不能动。

这名女性患者已经无法通过血管使用透析导管，而且她也跟医院方说了透析的时候感觉很疼，于是医生提议采用颈部透析法，却没有提及疼痛更少的腹膜透析法，这一点是后来才发现的。这名患者之前一直说如果导管无法使用，她就打算停止透析。这一次停止透析，是基于她的生前预嘱[1]执行的。

严格来说，透析并不是一种治疗方法。因为人工透析并不能治好肾病，只是辅助衰竭的肾脏，从而延长生命而已。而医生似乎也认为人工透析是无意义的，只是延长生命的手段。过去出于类似原因在福生医院去世的就有 20 多人，由此可见，医生们对透析不积极。

从后续的报道我们了解到，这名患者是从其他医院转到福生医院来的，但转过来的当天，医院方面就提供了两个选项给患者，最后患者在停止人工透析的文书上签名表示同意。在福生医院，还有不少患者也是为了接受更为高级的透析治疗才转院来的。然而，对于这些怀揣希望而来的患者，医院在诊疗伊始就引导他们签署了那样一种同意书，无异于让他们把之前抱有的希望踩碎。我有一种不祥的预感，今后可能会有越来越多的诊疗机构让临终期患者在初诊时直接签署同意书。

据说这位女性患者也曾犹豫动摇过。这一点我毫不怀疑，因为一旦停止透析，死亡就不可避免，同意停止透析也就意味着自己决定等死了。听说她到死前一直都很犹豫，还跟她丈夫商量要不要撤回之前的同意书。可惜时机很不凑巧，她丈夫因为压力大患上了胃溃疡，也在同一段时间做手术。在进手术室之前，她丈夫把手机交给医院保管。等他手术做完从麻醉中醒来，发现手机屏幕上出现的是妻子发给他的一条信息，内容令人心碎，大意是："老公！救救我！"

日本透析医学会在2014年发布的停止透析治疗的指导方针当中，有一条关于医学伦理的规定：只有在患者"病重、时日无多、全身状态极差"的情况下，才能停止透析。而这名女性患者并非时日无多，她死的时候才44岁，她丈夫50岁。虽然人工透析很烦琐很痛苦，但只要一直做，按道理她起码还能和丈夫再共度二三十年的时光。（该患者的主治外科医生说："如果她没有停止透析的话，可能还可以再活四年。"但这个推测的根据是什么，并不明确。）

我认识的一个人做了几十年的人工透析，现在已经70多岁了，在社会上仍然非常活跃，而且他所负责的社会公益事业，谁都替代不了。做透析的时候不能乱动，可那么长的时间要干什么呢？他会拿那个时间来阅读。如果全国各地都有提供透析服务的机构，那么患者也能到各地去旅游。如果在国外也有相应的透析据点，那么去国外旅行也不是不可能的。我的意思只有一个：肾病患者只要坚持做透析，是可以正常生活的。

生前预嘱有必要吗？

　　之所以会发生此类事件，其实与"生前预嘱"和近年来厚生劳动省倡导推广的"预先护理计划"[2]有关。医院方面声称，他们是按照知情同意制度，征得患者本人确认和同意的。主治医生在回答记者采访时说道，对治不好的病进行透析是一种"无益的延长生命的措施"。一直接受透析的病人属于"临终期"，既然如此，停止透析只不过是为了抑制临终期的医疗而已。

　　日本尊严死协会建议人们在仍有能力自主决定时，留下一份书面的预先指示，说明他们希望如何死亡。该协会的注册会员超过十万人，提供保管"生前预嘱"的业务。该协会认为，安乐死和尊严死是不同的。安乐死是一种协助患者完成自杀的积极行为；而尊严死则是一种抑制不必要医疗的消极行为，是根据患者本人的意愿，拒绝临终期那些"无益的延长生命的措施",如心肺复苏、切开气管、胃造瘘和注射点滴等。而所谓"生前预嘱",就是患者事先将其意愿以文字形式明确下来的指示文件。

临终期的过度医疗一直饱受批评,人们称之为"意面综合征"(Spaghetti syndrome),因为患者全身插满了各种各样的细管和电线,就像意大利面一样。特别是胃造瘘术,越来越多的事实表明,它只是机械性地维持患者生命而已,所以接受胃造瘘术的人数已经锐减。"社会医疗诊疗行为"的统计数据显示,胃造瘘的数量从2008年的一年10万例降低到2014年的一年6万例。而且,也是在2014年,政府调低了胃造瘘的诊疗费。根据久富护先生(医生兼咨询师)的分析,单就75岁以上的老人来看的话,人均胃造瘘术的数量从2011年到2017年直接减少了一半。当初胃造瘘术引进日本以后,手术数量不断攀升,可是当媒体开始反胃造瘘术运动以后,胃造瘘术的数量急转直下,两相比较,有时我反而觉得很不安,我们的医疗行业这么容易被媒体或潮流影响,真的好吗?毕竟,作为医疗技术的胃造瘘术,应该也是有其存在的合理性的。

关于抑制临终期医疗这一话题，落合阳一和古市宪寿这两位年轻的文化名人在 2019 年的言论引起了轩然大波。[3] 古市指出"医疗费增加最多的是临终期那一个月"，落合则提倡"把临终期延长生命的治疗项目移出医保，由个人负担"。他们认为，这样一来就能够有效地减少临终期的医疗。

他们的这些言论，马上就有专家出来批驳。其实什么时候才算临终期，只有等到人死后我们才会知道，不可能人还没死，我们就能判断从哪天到哪天是临终期。医疗经济学者二木立、福利经济学者权丈善一更是用实际数据反驳道，临终期的医疗成本很高不过是大家想当然而已。[4]他们二人指出，死前一个月的医疗成本，仅占全部医疗费的 3%，"抑制死前的医疗费开支，对于整体医疗费用的影响并不大"。

关于安乐死的争论

说到关于安乐死的争论，我想到的是 2017 年 3 月《文艺春秋》杂志引起轰动的那一期特辑——"安乐死是对是错"。[5] 之所以会有那样一期特辑，是因为《文艺春秋》于 2016 年 12 月登载了桥田寿贺子[6] 的随笔《我希望通过安乐死离开人世》。该特辑对 60 位知名人士进行了问卷调查，其中也包括我。当看到问卷结果的时候，我很震惊。

在 60 人当中，"赞成安乐死"的有浅利庆太、堺屋太一、桥本治、泽地久枝等 33 人，"反对安乐死但赞成尊严死"的有内馆牧子、冈井隆、保阪正康、堀江谦一等 20 人。去掉没有回答问卷的人以后，还剩下四人，这四人是"既反对安乐死也反对尊严死"的，我也是这一少数派中的一员。在赞成安乐死的名单里，我发现了好几个我所尊敬的人的名字，当时我觉得心情很暗淡，没想到他们竟然是赞成派。不过，让我高兴的是，在"既反对安乐死也反对尊严死"的少数派名单上，法国文学研究者筱泽秀夫的名字赫然在列。他当时身患肌萎缩侧索硬化症（ALS，俗称"渐冻症"），但仍然与病魔做着顽强的斗争，直到2017年10月去世，他始终没有放弃生的希望。

日本尊严死协会说，尊严死与安乐死是不同的。但我们不能忘记一个事实，那就是日本尊严死协会刚成立的时候就叫作"日本安乐死协会"，它的第一任理事长是提倡安乐死的太田典礼医生。安乐死是一种积极的协助自杀行为，通过医疗的介入，让患者的死期提前；尊严死则是在临终期减少医疗的干预。可是，安乐死和尊严死就像跷跷板一样，很容易从此滑向彼。而且，尊严死的英语是"death with dignity"，在欧洲语言圈当中，这个短语也通常用来指代安乐死。

记者宫下洋一报道过瑞士的一个名为"生活小组"（Life Circle）的民间团体，不过宫下明确地将其称为"自杀协助组织"。另外，像瑞士的"Dignitas"组织，也接受外国人的安乐死申请，但从名称上来说"Dignitas"其实是

"尊严"的意思（宫下洋一：《直到实现安乐死》，小学馆，2017年）。我觉得接受"尊严死"这一概念的人群，似乎有这样一种价值观，即他们更接受"有尊严的死"，而非"有尊严的生"。

前面提到的桥田寿贺子的随笔《我希望通过安乐死离开人世》中，有这样一句话："如果得了认知障碍症的话，安乐死是最好的。"桥田曾和癌症专家近藤诚医生有过一次对谈，在那篇对谈里，桥田说如果把工作从她的人生中减去，那她就什么都剩不下了。同时她又说，因为电视工作环境的变化以及工作伙伴老龄化或者引退的缘故，写剧本的工作锐减，她觉得自己活着没什么意义了。这种言论，与杉田水脉议员的"LGBT群体缺乏'生产性'"这样引起轩然大波的言论有相通之处，同时也会让人想起前东京都知事石原慎太郎的话——"女性失去生殖能力后还活着是浪费，是罪过。"

如果我们不能再为社会做出贡献，我们活着就没有价值了吗？如果没有价值的话，我们的人生就没有继续的必要了吗？这种思维方式的背后，是对生命进行甄别，将其区分成"有价值的生命"和"无价值的生命"的思想。而这种思想，正是创立日本安乐死协会的太田医生所倡导的优生思想。

"一个人如果没有用，就不配活着吗？"

在我的讲座的问答环节当中，有时会听到这样的发言："我现在 80 多岁了，但我很注意自己的健康，同时很努力地当好业委会主任，为社会为他人贡献自己的力量。"说这种话的人百分百是男性。对于这种家伙，每次我都尽量慢慢地、清晰地问道："一个人如果没有用，就不配活着吗？"

"有尊严的生"和"无尊严的生"，两者的界限在哪里呢？有的人说，能够自己大小便是有"尊严"的标志，如果大小便需要别人来照顾的话，就失去了"尊严"。可是，在这个世上，有那么多的残疾人、病人和老年人需要接受排泄帮助。所以，穿个纸尿裤什么的，根本不能成为想死的理由。

还有的人说，如果拥有自主决定能力就还好，但如果没有了自主决定能力，也就没了"尊严"。不仅是桥田，还有很多人也很不安，怕自己万一患上认知障碍症，就会失去"尊严"。他们说如果到时连自己的子女都不认识了，那他们宁愿死掉。然而，认知障碍症最麻烦的地方就是，当这种情况发生的时候，你已经失去了自主决定的能力。

那么，生前预嘱会对当事人形成多大的约束力呢？

研究荷兰安乐死的松田纯，在他的书里谈到过一个恐怖的强制安乐死事件（松田纯：《安乐死·尊严死的现状》，中公新书，2018年）。该事件发生于2016年，有一位74岁的女性写好了安乐死的生前预嘱，然后她的家人以她患上了认知障碍症为由，押着她来到医生处，让医生给她注射了致死药。安乐死有一个条件是"无法忍受的痛苦"，但如今这个条件的解释已经被扩大化了，涵盖了精神方面的痛苦。该医生认为，这位老年女性得了认知障碍症以后变得易怒，半夜会到处乱走，所以觉得她处于"无法忍受的痛苦"之中。（在这一案件中，家人一度被判为有罪，但在2019年的终审中被判为无罪。）

患上认知障碍症之前写的生前预嘱，能否视为当事人

"本人的意愿"，这是很难判断的。因为，如果我们将其视为"本人的意愿"，那就意味着写生前预嘱的那个过去的我，给经历变化后的现在的我判了死刑。根据松田先生的说法，在荷兰，2009 年以后，不仅仅是认知障碍症患者的安乐死数量在持续增加，精神疾病患者的安乐死数量也在增加。如果是这样的话，那只要说"活着太痛苦了"，"我已经厌倦人生了"，就足以成为安乐死的理由了吧！

生前预嘱的有效期是多长？当自我不再保持统一的时候，还去追求自我的同一性，难道不是过去的我对现在的我的一种越权行为吗？

"人生会议"的陷阱

　　在被泛称为"事前指示"的文书当中,"生前预嘱"和近些年推出的"预先护理计划"是最常见的两种。厚生劳动省想要开展预先护理计划推广运动,但如果使用预先护理计划这个名称的话,没办法让人明白其含义,所以向全社会征集合适的昵称。最后采用的方案是——"人生会议",但我觉得这个名称也让人摸不着头脑。

　　生前预嘱和预先护理计划有何异同?二者都是在健康的时候,对将来临终期的医疗问题做出的书面意向声明。不过,生前预嘱是自主决定的,预先护理计划则是共同决定的,所以叫作"会议"。而家庭成员或相关人员就生与死的问题吵吵嚷嚷、讨论来讨论去,最后做出决定的这个"会议"就是所谓"人生会议"。虽然看起来是自主决定,但生死这种问题自己一个人怎么下得了决心,而且也不可能真的由当事人自主决定，所以需要大家共同决定。

共同决定这一理念本身并不坏。但如果在这个吵吵嚷嚷的会议上，有一个特别响亮的声音，大家难道真的不会被带偏吗？当事人难道真的不会忖度他人的心思吗？弱者真的不会有压力吗？如果现场有个专业人士在场的话，大家真的不会被其提出的方案所左右吗？在上述的福生医院的案例当中，通过后面的调查，我们发现，医生当时只提示了两个选项，要么继续透析，要么停止透析（也就是死），却没有提示第三个选项——腹膜透析。而腹膜透析正好符合患者的诉求——没有疼痛的透析。

在自主决定死亡的过程中，不应该有任何的强迫。可是话说回来，怎么才算是按照自己的意志自由做出决定呢？当我们有其他可替代的选项，而我们不选，那样才算是按照自己的意志自由做的决定。诺贝尔奖获得者、福利经济学家阿马蒂亚·森认为，当我们定义一个人的"潜在能力"的时候，不仅仅要看他有多少资源，还要看他有多少机会。如果只有一个选项供人选择，那叫强迫，不叫选择。

共同决定既可以发挥积极作用，也可以起到消极作用。立岩真也的书《渐冻症——不动的身体和呼吸的机器》（医学书院，2004 年）就让我了解到一个积极作用的例子。对于渐冻症患者来说，死亡是可以预见的，是一定会来的，在这之前他们有充足的时间来考虑要不要戴呼吸机。人患上渐冻症以后，全身的肌肉会逐渐麻痹，最后影响呼吸。这个时候如果将气管切开、戴上呼吸机，那患者终身都要佩戴呼吸机。哪怕只把呼吸机摘下几分钟，都会让人陷入呼吸困难，有生命危险，因此需要 24 小时护理。在渐冻症患者当中，选择佩戴呼吸机的人大约占三成，大部分患者考虑到家人的护理负担或是对不自由的人生感到悲观，选择不戴呼吸机。而且，是否佩戴呼吸机，男女的选择差异很大。选择佩戴呼吸机的女性患者比例明显低很多，这可能是因为生活中基本上是女性在护理他人，而女性要转变为被护理的一方应该很难吧！

但是，选择不戴呼吸机，真的是自主选择的吗？在和身边的人开"人生会议"的时候，如果有人对患者说："戴着呼吸机完全可以活下去，也能出门啊，如果您怕给家人增添负担，还可以请护工啊！我们都希望您能活着！"我想有的患者听了以后肯定会倍受鼓舞，从而改变自己的选择。葛城贞三的姐姐是一名渐冻症患者，姐姐去世以后，他在滋贺县开办了针对渐冻症患者的护理事务所（《疑难杂症患者运动——滋贺疑难杂症联络协会的历史：不让疑难杂症患者孤立无援》，生活书院，2019 年）。川口有美子的母亲也是一名渐冻症患者，川口一直悉心护理母亲，母亲去世以后，她开设了一家护理事务所（《永不逝去的身体——度过渐冻症般的日常》，医学书院，2009 年）。她希望能给渐冻症患者提供一个可替代的选项，让他们知道只要这样做就能活下去。

世界上有各种各样的辅助设备来弥补身体上的缺陷。眼睛不好的话，可以戴眼镜。耳朵不好的话，可以使用助听器。腿脚不好的话，可以坐轮椅。随着技术的发展，各类辅助工具也变得更为简单、轻便。呼吸机或透析装置可能有些大，操作起来不太方便，但为什么使用眼镜或助听器的时候，人们没有丝毫犹豫，但是面对呼吸机或透析装置这类选项的时候却会犹豫不决呢？

有些人害怕给家人增添负担，但这其实不应该是个人的负担，而是政治的问题，因为政治没有为我们提供一个可替代的选项。我去过一个高福利的发达国家，在那里见了一位患者，她做了气管切开术，戴上了呼吸机，在别人（一天 24 小时）的帮助下过着独居生活。借助电脑，她还担任着病友会的领导，非常积极地开展工作。在日本，也有好几位渐冻症患者戴着呼吸机过着独居的生活。

在开"人生会议"的时候，当事人也可能会因为周围人的压力而委屈自己。生前预嘱和预先护理计划，都宣称"可以随时更改"，但有时你很难开口说你想更改。因为一旦签署了文件，再想要去变更的心理门槛就变高了。所以，怎么说呢，让人们把意愿提前写下来，看起来就是故意要把门槛提高一样。

你可以一直犹豫到最后

我之所以会有"可以一直犹豫到最后"的想法，是因为我自己护理父亲的经历。我的父亲是一个癌症晚期病人，没有治愈的希望。他自己是医生，所以他深知医生们给他开的所有处方都只能治标，不治本。而且，他还是一个绝望的、胆小的患者。比如，今天他说："让我早点死去吧。"可过了几天，明明没有什么治愈的希望，他却说："我想转去康复医院。"当家人四处奔走找到可以转过去的康复医院时，他又变卦了，说："算了吧。"一家人就这样被他起伏不定的情绪折腾来折腾去。

当时我还问过一些有临终护理经验的朋友，他们说那些优秀的人的死法虽然很令人佩服，却没有任何参考价值。而那些胆小的人惊慌失措的死法，反而能给我们一丝安慰。

之后我就做好心理准备了。走向死亡的人，他们的心情会变化，会摇摆不定，会像过山车那样忽上忽下。而家人的作用，就是被他们的摇摆不定来回折腾。

因为这段临终护理的经历，我开始觉得，人们在健康时所写的那些意愿什么的实在信不得，而且我也不再认为，将提前决定的事情贯彻到最后是可贵的。

我很尊敬一位从事护理工作的"大神"——高口光子。我去拜访过她负责的一家老人护理保健机构。按照最初的宗旨，老人护理保健机构起的只是一个过渡的作用，之所以会有医生常驻，是为了指导老人进行康复训练，让老人最终能够回家去。但是现在，作为临终护理关怀的场所，老人护理保健机构看起来要比特别保健养老院[7]好得多。最近，不管是老人护理保健机构，还是特别保健养老院，临终关怀都变得理所当然了，所以在入住时，先从老人家属那里取得关于临终期的"同意书"也已经成了惯例。该"同意书"会问"临终的时候，是要送医院，还是直接就在房间里做临终关怀？"以及"到时候要不要采取各种延长生命的抢救措施"，选项有 YES 和 NO，这一点跟"生前预嘱"一样。而且，之所以不是跟当事人本人而是跟当事人的家属要同意书，是因为入住者多半患有认知障碍症。

去拜访的时候，我问高口女士："你们机构也会向入住者的家属要同意书吗？"她回答说："不会。"我接着问："那么，你们是怎么做的呢？"而后，她给出了一个令我很感动的回答：

"在生死这个问题上，没有正确的答案。只要家属和我们工作人员一起，一直犹豫到最后的最后就可以了。"

事实上，在高口女士的《在护理机构中离世这件事》（讲谈社，2016 年）一书中，有很多犹豫到最后、至今仍然留有遗憾的例子。虽说她是"大神"，但毕竟不是真正的神仙，所以不可能什么都是对的。

那么，生前预嘱到底是为了谁？生前预嘱到底能帮到谁？

关于这类问题，我所听到的都是来自家属或医护方的声音——"还好有生前预嘱，真是太好了"，"真的帮了大忙"，等等。当然，人死不能复生，我们没办法了解到当事人是怎么看待这类问题的。但是，我真的很想嘲讽一下：我觉得，生前预嘱之所以会帮到家属和医护方，是因为那样他们就不用犹豫，不用思考，只要按生前预嘱执行就好了。

今后，政府会以"人生会议"的名头来全力推广"预先护理计划"运动。在入住养老机构或者住院的时候，应该会像上面讲的福生医院那样，诊疗伊始就先给你一份预先护理计划，让你签名同意。现在的预先护理计划的范本当中，还会给你 YES 和 NO 两个选项，但今后可能会问你"关于不采用以下的措施延长生命，你同意吗？"然后只给你一个"是"（YES）的选项，那样一来，说"不"（NO）的门槛会变得越来越高。只是改变一下格式，就有可能得到不同的答案……对人而言，下决定就是这般容易摇摆不定。

我的一些有志于从事医疗、护理业的朋友会这样嘀咕："就我的立场来说，我是应该建议人们写好预先护理计划的……但我内心其实并不愿意这样做。我自己不想写，我也不想让别人写。"

每当我听到这种嘀咕的时候，就会觉得这个人值得信任。

追求安乐死的社会，
是临终关怀医疗不发达的社会

2003 年，我与中西正司先生合写了一本书，《当事人主权》（岩波新书）。中西先生年轻时因一场事故导致颈部脊髓损伤，成了残疾人，日常需要坐轮椅。在残障人士自立生活运动当中，他是一位拥有超凡魅力的领导者。我们在这本书里提倡的是残障人士、老年人、妇女等其他弱势群体的自主决定权。我还记得，书一出版就受到了这样的批评："那些有智力障碍的人怎么办？那些有精神障碍的人怎么办？还有，那些患有认知障碍症的老人怎么办？"简而言之，就是失去自主决定能力的人，他们的当事人主权怎么办？

认知障碍症只是一种认知障碍，不是一种情感障碍。智力和情感常常被看作是对立的，但我认为二者原本是一体的，"情感是分裂前的智力"。当人们判断某个情况对自己是否有利的时候，其直观判断的结果就会体现为喜欢、不喜欢、恐惧、厌恶等。而认知障碍症患者仍是拥有这种判断力的。

即便是因为重度的认知障碍症而终日恍恍惚惚的老人，只要饭菜一端上来，他也会睁开眼睛吃的。食欲是求生欲的基础。只要能吃，就还能活。对于一个表现出求生欲的认知障碍症老人，如果我们严格遵循老人过去的意愿，对其实施安乐死，那就是他杀，而不是老人的自主决定。那么，如果不是安乐死而是尊严死呢？要遵循老人的意愿让其尊严死吗？对此，我倒想反问一下，同样是患有认知障碍症的老人，如果他患上了吸入性肺炎等疾病，你会选择什么医疗措施都不做、任其死亡吗？面对因不治之症而觉得活着没有尊严的患者，为什么有的人会说"为了不让患者继续痛苦"而选择不采取任何医疗措施呢？那是因为这种选择本身已经以患者自主决定的名义正当化了。但这样一来，是不是一旦患上认知障碍症，一些原本可以治愈的疾病，也不给治了呢！

每次我讲到当事人主权的时候，几乎百分百会有人问"死亡可以自主决定吗？"。我的看法是，如果我们主张出生可以自主决定，那么死亡也应该能够自主决定。阿图·葛文德医生在《最好的告别》（美篇书房，2016年）一书中写道："好的人生，就是最大限度的自立。"当我知道主张老年人自立（比起"自立"，我更想用"自律"这个词）的葛文德医生也反对安乐死的时候，我深感欣慰。他在谈到荷兰的《安乐死法》的时候这样说道："根据统计，2012年每35个荷兰人当中就有1人在自己死的时候，寻求别人协助其自杀。这一统计所证明的，不是协助自杀制度多么成功，反而证明了该制度多么失败。"可能也正是因为该制度，"和其他国家相比，荷兰在临终关怀医疗方面进展缓慢"。

松田先生专门调查过荷兰的安乐死情况，他说荷兰2015年的安乐死占总死亡数的5.6%，也就是说，"每18个荷兰人当中就有1人是定好了自己的死期后去世的"，这个比率，与葛文德医生所说的2012年的数据相比呈上升趋势。《安乐死法》刚颁行的时候，是不允许认知障碍症患者接受安乐死的，但 2006 年时条件有所放宽，到 2016 年就已经高达 141 例了。根据地区安乐死审查委员会 2014 年的报告，2014 年以认知障碍症为由的 81 例安乐死，据说几乎都是患者在认知障碍症初期自主做的决定，他们认为越往后认知障碍症会让人越痛苦。但之所以出现那样的结果，还不是因为政府和媒体一味煽风点火，导致人们对认知障碍症有天然的恐惧吗？！关于安乐死的最新消息，我听到的是，在新冠肺炎疫情之下，《安乐死法》的适用范围扩大了。这让我觉得很恐怖，不知道他们是不是对患者进行鉴别分类，筛选出"无价值的生命"。

京都的"草鞋医生"早川一光说过："痴呆才是福。"认知障碍症患者的脑中，没有了过去和未来，只有现在。那么，他们应该也不会对生离死别感到悲伤，不会对时日无多感到恐惧。松田先生曾经引用过荷兰的凯斯·胡德哈特医生的一句话，凯斯医生诊断过很多认知障碍症患者，他说："我认为认知障碍症患者是不可能寻求安乐死的。我无法理解为什么要允许认知障碍症患者安乐死。"

我们其实完全没有必要把"痴呆"的叫法特意改成

"认知障碍症"。痴呆是人老了以后的一种正常现象。有很多老人虽然痴呆了，但依然心情愉悦地活着。

出生这件事，我们无法自主决定，却认为死亡是可以自主决定的——我觉得这是很傲慢的想法。如果将来我变痴呆了……那我希望，只要我还吃得下饭，就请一定让我活下去。

---

1 生前预嘱（living will），人们在健康或意识清楚时事先签署的指示文件，说明在不可治愈的伤病末期或临终时要或不要哪种医疗护理。

2 预先护理计划（advance care planning，ACP），又称预立医疗照护计划，指患者在意识清楚时，在获得病情预后和临终救护措施的相关信息后，凭借个人生活经验和价值观，表明自己将来进入临终状态时的治疗护理意愿，并与医务人员和 / 或亲友沟通其意愿的过程。

3 落合阳一、古市宪寿：《"平成时代"结束，"魔法元年"开启》，《文学界》2019 年 1 月号。

4 二木立：《二木教授的医疗时评 42　关于临终期医疗费的荒唐数据》，《文化连情报》351 期，2007 年 6 月号。权丈善一：《我有点担心的医疗和护理　增补版》，劲草书房，2018 年。

5 《文艺春秋》杂志编辑部：《探索理想的离世方式——安乐死是对是错？问卷大调查：揭秘 60 位知名人士的态度》，《文艺春秋》2017 年 3 月刊。

6 桥田寿贺子（1925—2021），日本知名编剧、剧作家。

7 同样是护理老人的地方，按最初的设计理念，老人可以在特别保健养老院里长住。但在老人护理保健机构里，老人康复以后一般要回自己家。

第 8 章

护理保险危矣

！

独居者可以居家临终吗？

独居者可以居家临终吗？——这正是本书一直在探究的问题。

答案已经有了：可以的，完全没问题。不管你有没有家人都可以的。独居的障碍虽然很多，但完全可以跨越。即便患有癌症，独居者居家临终也能轻松实现。患有认知障碍症，当然也没问题。

所有这些，都是因为有了护理保险。

小笠原医生这样说道："在没有护理保险之前，要在家中做临终关怀是很难的。更别说是独居者了，根本连想都不敢想。"

过去，我一直追问一线的专业人员："居家临终有可能实现吗？""独居者也可以居家临终吗？"而今，通过护理保险 20 年的实践积累，一线的经验和技能都提高了，原本遥不可及的事情也一步步变成了现实。所以，我们绝不能低估这 20 年来的经验积累，护理保险已经孕育出了无数专业的人才和专业的技能。

但麻烦的是，护理保险现在正处于危机之中。为了让大家知晓这一危机，我在本书的最后专门写了这一章。对护理保险很熟悉的读者，直接跳过这一章也没关系。在世界范围内，日本的护理保险制度可以说是独一无二的，我想阐述一下我对该制度的评价，并让大家理解该制度目前所面临的问题。

护理保险是一个"被虐待的孩子"

2000 年 4 月开始实施的护理保险制度，在 2020 年迎来了 20 岁生日，长大成人了。[1]但专家们说，护理保险自诞生以来，一直是个"被虐待的孩子"。为什么呢？因为法律规定，护理保险法需要每三年修订一次，但越修订越难用。

回想当初，护理保险刚刚开始实施的时候，可谓锣鼓喧天。但是，在龟井静香（时任自民党政务调查会会长）的干预下，马上就被泼了一盆冷水。他认为"护理保险会破坏子女照顾父母的美德"，于是采取了一个权宜之计，将老年人护理保险费的征收时间推迟了六个月。因为刚开始的时候，大家都说："就算搞了这么个保险，也不会用的！""怎么可能会让陌生人随便进到家里来呢！"而使用护理保险的人因为害怕被街坊邻居知道自己请外人护理，有人甚至会要求护工把他们护理机构的车停在前一个街区，然后走到自己家里来。

由此可见，虽然都在说要让"护理社会化"，但在当时，如果真的要把原本属于"家庭责任"的护理委托给他人，大家心里还是有抵触的。不仅如此，以前如果家里有老人需要护理，大家往往会选择隐瞒，不让周围的人知道。

护理保险法制定于1997年，但正式实施前，有三年的准备期。在此期间，各地政府为了应对这一前所未有的挑战，增设了护理保险科，并投入了最精锐的公务员。因为保险费是强制征收的，实际上相当于加税了，所以政府也害怕被批评说"有保险而无服务"。于是，在此期间，各地政府诞生了许多"超人公务员"。在护理保险法刚实施的那阵子，他们甚至挨家挨户地访问，看有没有哪一家可以使用护理保险。

然而，三年后第一次修订护理保险法的时候，就已经开始抑制人们使用这个保险了。之后的一次又一次修订，都是越修订越糟糕。现在，护理保险已经被逼到危险的悬崖边上了。

走向"护理社会化"

在讨论护理保险的危机之前,我想先说一下日本护理保险制度的效果和评价。

日本的护理保险,常常被认为模仿了德国的护理保险和英国的老年人福利,但它其实是一项独创的制度,而不是简单地把二者中和了一下。这个制度产生的时候,我甚至认为日本发生了一场"家庭革命"。虽说它有一定的局限性,但它总算迈出了"护理社会化"的第一步,告诉人们"护理不只是家庭的责任"。对于我这种晚年没有家人可以依靠的人来说,今后就可以依靠别人,让别人来护理我了。真是一个伟大的壮举啊!我甚至觉得它就是为我量身定制的。

下面,我们来看一下日本护理保险制度的一些特点吧。

1. 税收与保险相结合

制定护理保险时，曾经有过一场很大的争论，不知道大家还记不记得。这个争论的主题就是护理保险的钱该从哪里来。如果护理保险属于社会保障，那当然应该由税收出钱。还有一种思路是采用保险的方式，但这个思路遭到了批评，说国家这是在逃避责任，因为采用保险的方式的话，那么护理保险将只保障参保人的利益（没参保的人怎么办）。而且，当初是每个月强制征收 2 500 日元左右的保险费，实际上就是加税了。老年人的养老金本就不多，每个月还要直接先扣走这笔保险费，所以引发了抗议。于是，如前面所说的那样，龟井静香发声了，一锤定音！老年人的护理保险费征收推迟了六个月。对于龟井的这一发声，樋口惠子（"致力于改善老龄社会的女性协会"理事长）模仿"鹤之一声"[2]的说法，形容其为"龟之一声"。等到护理保险实际定下来的时候，采用的是税收与保险相混合的折中方案。一半由保险费负担，另一半由税收负担。税收这部分，再细分为国家税收负担一半，剩下的一半则由都道府县和市町村平摊。结果证明，这一方案是很好的，这一点我后面会再解释。

2.地方分权和行政服务外包

负责护理保险事务的主体是市町村这一基础自治体。[3]
当时地方分权改革正如火如荼地进行，全国的市町村都强
烈反对以"地方主权"的名义将责任推给地方自治体，这
件事想必大家都记忆犹新。

之所以出现反对，也是因为护理保险的创设刚好是在
国民健康保险已经财政破产的这一背景下提出的。因为不
想让类似的失败重演，所以国家把责任转嫁给了地方，这
便是背后的实情。国家的说法是，老年人护理和义务教育
一样，是"基础自治体的基本行政服务"，所以基础自治体
应该担起责任来。可那样的话，对于提供护理服务的劳动
者，就应该作为公务员录用，因为提供义务教育服务的劳
动者（中小学教师）属于公务员。但是，当时的行政改革
正处于攻坚阶段，最重要的任务就是削减公务员的规模，
根本不可能再增加公务员的人数了。所以，最后采用的方
法是：将护理服务外包给相关的服务商。

在当时的行政改革过程当中，原来由地方政府管理的图书馆和女性中心等，已经都陆陆续续委托给了指定的管理商，因此，对于护理保险采用这种外包的方式，大家也不觉得奇怪。与此同时，国家以地方分权的名义，让地方政府自行编制护理计划，随之也确定了所需的护理保险费。而且，除了护理保险规定的最基本的服务之外，各地方政府还可以自行导入其他额外服务，但那样的话保险费会随之上涨。

最后的结果是，全国各地的保险费和服务几乎差不多。只有极少数的地方自治体自行导入了其他额外的项目。在护理保险制度诞生以前，日本的社会福利秉持的都是"平均主义"（全国各地统一享受同样服务的公平原则），而这一制度却是个例外，它允许各地存在差异。

3. 用户与服务商签约（避免与用户发生雇佣关系）

护理保险刚推出的时候，其口号是"从政府酌定转变为个人签约，从政府恩惠转变为个人权利"。在那之前，老年人福利针对的是那些无法享受到家庭福利的贫困家庭的老人或孤寡老人，谁可以获得什么样的服务都由政府酌定，可以说是一种来自政府的"恩惠"。而有了护理保险以后，参保者和服务商签约，可以行使自己的权利，享受一定额度的服务。当然，要享受服务就要付出相应的价钱，因此，护理保险刚推出来的时候，这一点也饱受批评。在那之前，贫困户在政府酌定之后就可以免费享受护理服务了，可是在护理保险制度下，护理服务的上限额有了规定，而且，用户自己也要承担一部分花费，这使得那些贫困户不太敢使用护理保险，这相当于砍掉了他们之前已有的福利。但是，由于有了护理保险，以前只有一小部分贫困户才能享受的服务，现在走进了千家万户，这一点是值得高度赞扬的。此外，贫困户的福利被砍，并不是护理保险的错。护理保险制度之所以能够建立，是因为老年人有足够的购买力，作为用户，他们买得起相应的服务。而支撑这一切的就是养老金制度。贫困户的问题是，他们没有养老金或者养老金很少，于是没有购买力。如果我们因此去批判护理保险，那真的就是搞错方向了，我们应该批判的是政府，因为政府在推出护理保险的时候，没有很好地采取适当的政策帮助低收入群体。

在使用护理保险时，用户跟服务提供商签约，这是非常好的一个制度设计，因为它避免了护理人员与用户直接签约。毫无疑问，不同的护工，其护理水平肯定有高有低，与用户合不合得来也是一个问题，所以在使用护理保险的过程中，有的老人会投诉，为什么不能每次都给他派同一个护工呢？对于这个问题，我们反过来假设一下，如果用户直接跟护工本人签约会怎样呢？比如，该护工如果生病了或者时间不方便，那就糟糕了，没有人可以替代。不仅如此，如果像很多国家那样，用户直接跟护工签约，护工处于弱势地位，这会导致用户对护工的虐待和压榨，而被逼到绝境的护工，又会反过来去虐待更为弱势的老年人。所以，避免用户和护工之间形成个人雇佣关系，采取用户和服务提供商签约的制度设计，实在是有百利而无一害。这样一来，护工有很多人，可以随时替代，从而降低了用户方的风险。而且，用户要是对护工有什么不满，也不是跟护工本人而是跟服务提供商反映，这样一来就能及时进行调整，这也意味着护工的服务质量是由服务提供商来统一管理的，不需要用户自己去操心。当然，最重要的是，这种制度设计使得用户和护工之间不发生雇佣关系，避免了用户将护工当成自己的佣人来使唤。

4. 护理援助专员制度的引入（独立于行政管理，但允许其从属于服务提供商）

日本护理保险中的"护理援助专员"制度，经常被说成是对英国"照护经理"（care manager）制度的模仿，但其实二者只是形似而已。当初要引入护理援助专员制度的时候，残疾人团体强烈反对，因为他们清楚地知道英国的照护经理制度是怎么回事。在英国，照护经理是由地方政府雇用的，而作为雇员，优先保障雇主的利益是天经地义的，所以英国的很多照护经理为了减轻地方政府的负担，会尽量引导大家不要使用护理保险。日本的残疾人团体正是害怕发生同样的情况，所以反对引入护理援助专员制度。

和英国不同，日本的护理援助专员不是由地方政府雇用的。大家要不要使用护理援助专员服务，地方政府是无所谓的。且这个服务是免费的，想怎么换人都可以。原则上，护理援助专员必须从用户的利益出发来制定护理方案。有些团体甚至主张根本不需要护理援助专员，用户自己按照指南就能制定护理方案。但是，如果对护理保险制度没有足够的理解能力与应用能力，这其实是很困难的。再加上每次修订之后，这个制度就变得更为复杂、奇怪，作为门外汉的我们真要自己操作的话，也是越来越困难的。本来，护理援助专员应该要保持独立，而日本的护理保险制度却允许他们从属于服务提供商。为什么会这样呢？因为政府没有足够的钱来让他们保持独立性。

这自然而然就会导致一个结果：护理援助专员在给用户制定护理方案的时候，会尽量让服务提供商实现利益最大化。拿谁的钱就得看谁的脸色……不管在哪个国家，这都是理所当然的。政府引入护理援助专员制度，这一步是对的，而在制度设计上允许其从属于服务提供商却是一个失误。为了防止二者沆瀣一气，政府又采取了很多琐碎的办法，比如，规定护理援助专员在制定护理方案的时候，一定要列入多个服务提供商。然而，最根本的解决办法还是提高制定护理方案的报酬，提高护理援助专员的待遇，使其保持独立性。

5. 护理从业人员的资格化、专业化

护理保险制度还有一个好处，那就是它要求从事护理保险工作的人员持有相应的从业资格，这样一来，护理就成了一种专门的职业。前面我已经说过，让护理保险的使用者（用户）和护工之间发生雇佣关系的话，会引发很多问题。不仅如此，人们可能普遍将家务和护理视为一种廉价劳动，认为"只要是个女的都会做"，比如在欧美国家，这类工作一般都是移民女性在做。在过去，对于雇用家务和护理劳动者所产生的费用，"社会保障"的通常做法是抵扣税金或者政府直接承担一部分。但这样做，护理从业人员的薪资和社会地位都不会得到提高。

众所周知，在日本，护理从业人员的劳动条件是很恶劣的。虽然有些护理资格只要通过短时间的培训就能取得，如护工一级、二级、三级（后来三级被废止，二级则改为"初次上岗研修"），但在护理保险制度之下，没有取得从业

资格就不能从事护理工作这一做法，对消除以往的偏见起到了很大的作用，人们不再认为护理是一种"只要是个女的都会做"的无需技术的劳动了。

6. 引入需护理等级认定，确定较高的补贴标准

护理保险的另一个特点是引入了需护理等级认定，并确定了较高的补贴标准。需护理的程度从 1 到 5 分为五个等级，对于程度最重的 5 级，每个月补贴的上限是 36 万日元（加上地区系数的话，首都圈是 40 万日元左右）。对于打算自费购买这么多的服务的人来说，这可不得了，因此，这个补贴标准和其他国家比起来，还是很高的。与这个补贴标准配套推出的，就是所谓"需护理等级认定制"。该认定的主要判定标准是看"日常生活能力"如何，但因为刚开始的时候判定结果出现过偏差，以及没能覆盖患有认知障碍症的老人，所以大家对这一制度的评价很差。但这一制度仍坚守至今，因为我们最多能使用多少护理保险（上限是多少）是依据它来确定的。如果个人所负担的 10% 超过了使用上限，那超过的部分就要由个人自己全额负担了。

换句话说，这个"需护理等级认定制"承担着类似守门员的作用，哪怕你自己想多花保险一分钱也是不行的。当然，反过来看，我们也可以说，这是一个对一线人员缺乏信任的制度，因为它轻视了一线的实际裁量权，害怕一线操作不当引发道德风险。

7. 不给在家护理老人的家属发放现金补贴

日本的护理保险与德国的不同之处在于，不给在家护理老人的家属发放现金补贴。在制定护理保险的过程中，关于要不要给在家护理老人的家属发放现金补贴这一问题，有过非常激烈的讨论，但最终这一选项被樋口惠子女士击退，她是"致力于改善老龄社会的女性协会"的理事长，当时还担任社会保障审议会的审议委员。护理保险刚实施的时候，相关的服务提供商还未成长起来，政府很害怕被批评"有保险而无服务"（缴纳了保险费却没有可以使用的服务）。而且，当时也考虑到，有些人确实需要护理但又不愿意使用护理保险。毕竟以前都是由儿媳做护理，是免费的，现在由别人来护理，自己要负担10%的费用，心里难免有抵触。所以，当时有人提出，如果有家庭不使用公家的护理保险，那就给在家护理老人的家属发放现金补贴，以感谢他们的辛苦付出。乍一看，还是一种挺温情的机制。

但樋口等人担心的是，比起护理保险的使用费，现金补贴的钱少得可怜，关键是，如果真的领了补贴，那么大家的观念会更加固化，更加觉得护理就是儿媳的分内事。本来大家就已经觉得护理是女性的工作，对儿媳来说更是义务，完全是免费的，有些地方政府还会给护理做得好的儿媳开表彰大会，但樋口她们一直批判这种行为，说这是一种不人道的做法。她们认为，发放现金补贴这种做法是完全无法接受的。而且，她们认为，如果制度上允许发放现金补贴，那对于一直努力推广护理保险服务的地方政府来说，无异于被泼了一盆冷水。我觉得，她们的功绩会被历史所铭记，是她们阻止了发放现金补贴的方案。

护理保险的预期效果

就政策层面而言，护理保险的设计初衷是为了减轻中产家庭的护理负担。但我们需要记住的一点是，虽然护理保险标榜的是"以使用者（用户）为中心"，但其实推动护理保险建立的并不是需要护理的当事人，而是他们的家人。护理保险实施以后，既取得了预期的效果，也产生了一些非预期的效果。

我们先从预期效果说起。

1. 提高了人们的权利意识

一开始对引入护理保险有抵触的用户，很快就改变了态度。我一直强调，平时交医保的人，当他真的生病的时候，肯定会去用医保，丝毫不会觉得有啥不好意思的。同样的道理，一旦交了护理保险，人们就会觉得如果不用的话就亏了。也就是说，用户会产生一种权利意识，觉得自己应该去使用护理保险。所以，在护理保险实施的第一年政府还得努力发掘用户，可到了第三年初次修订的时候，已经开始抑制大家使用了，足见形势变化之快。但是，如果一开始采用财政税收全额拨款方式的话，恐怕人们并不会产生这种权利意识吧，所以，我一直认为采用保险方式的做法是很好的。按理说，税收同样是从我们国民的口袋当中来的，但不知道为什么，明明是以税收为财源的社会保障，人们享受起来却总有一种负罪感，觉得自己是在吃社会的福利。

2. 建立了护理服务的准市场

强制征收护理保险费，实质上就是加税，而第一年的征收就创造出了一个四万亿日元的准市场。当时日本经济十分不景气，这四万亿可以说是规模很大了。而且，这个准市场的规模随着日本人口老龄化的加剧而不断扩大，到2019年的时候已经达到了11万亿日元。

所谓准市场，指的是政府通过官方定价进行管理的市场，不受自由市场机制的影响，供需的变化不会影响其价格的波动。像水电这类与民生息息相关的商品和服务，就只能归入准市场，不可能按照市场原理来。与医疗相同，护理服务也是维系生命活动的必要服务。

在经济长期不景气的大环境下，由于护理服务是一个不断扩大、增长的朝阳产业，许多创业者进军该产业，其中也有女性创业家的身影。其实，早在护理保险实施之前，社会上对护理服务的需求就十分迫切了，那时她们就已经开始在各地开展互助服务，而且拿的是志愿者的报酬，比当地的最低薪资还要低。等到护理保险实施、护理服务有偿化以后，财政的支持让她们的经营一下子稳定下来了。此外，有越来越多的团体、组织为了能够进入护理保险指定的服务商名单，纷纷取得了非营利组织等法人资格。我的《护理的社会学》（太田出版，2011 年）一书，研究的就是这类广义上的市民服务团体的活动。这个不断增长的市场还孕育出了许多护理福利领域的创新型人才，我的《护理行业的大神们》（亚纪书房，2015 年）一书中就有对他们的一些采访。

3. 护理工作的有偿化（从女性免费劳动转变为有偿劳动）

虽然还没有很多人指出过，但我认为护理保险带来的重大变化之一是，人们广泛接受了这样一个常识：护理工作不是免费的。在那之前，女性在家所做的护理工作都是免费的，我称之为"三无劳动"——无人感恩，无人认可，无等价报酬。尤其是对儿媳而言，护理公婆的工作"天然地"落到了她们头上，对她们来说简直就是"强迫劳动"。外国的文献资料将没得选择的护理称为"强迫劳动"，这一定义真令人拍案叫绝。原来如此！强迫劳动可不只是发生在收容所里面。在自己家里护理公婆，不会有报酬，但如果是在别人家里护理别人的父母，就会有报酬。我甚至会想，既然如此，那双方对调一下不就好了，我护理你的公婆，你护理我的公婆（笑～）。

只要是让他人来护理，就必须支付相应的劳动报酬，这样一个"常识"在日本国民当中广泛传播的效果，我觉得再怎么强调都不过分。当你付钱了以后，你就会明白以前免费的东西的价值。因此，让护理这种免费劳动——专业术语为"无偿工作"——可视化的效果是巨大的。

4. 家庭护理的实际情况浮出水面

护理保险的效果之一就是让"他人的目光"进入家庭护理当中。关于这个事情,有句名言,"探照灯照进了家庭的黑暗深处",说这话的人也是樋口惠子女士。探照灯经常配备在潜水艇上,用于照射漆黑的深海。

在那之前,家庭护理被理想化了,谁也不知道真实的情况到底如何。家属在护理方面本来也是门外汉,当卧床不起的老人生褥疮了,他们根本不知道该怎么处理。有的家属甚至会把身上流脓的老人关到小黑屋去。有一些被关起来的老人被他人发现了,大家才得以知晓老人被虐待的情况,谩骂、暴力、无视(冷暴力)还算轻的,有些家属甚至还在护理过程中谋杀了老人。基于这些事实,2005年,政府出台了《防止虐待老人法》。在那之前,大家的想法都是不要让家庭的耻辱为世人所知,甚至觉得请他人来护理是可耻的,这种想法也是导致"家庭中的黑暗"长久不为人知的原因之一。而护理保险起到了撬开这扇"黑暗"

之门的效果。从这个意义上来说，当初没有引入发放现金补贴的方案真是太正确了。因为就算给在家护理老人的家属发了现金补贴，我们也不知道他们家中的护理情况到底是什么样子的，对于护理的服务质量等更是无从管起。

护理保险的非预期效果

除了预期的效果，护理保险也带来了一些非预期的效果。

1. 选择养老机构的趋势增强了（"送老人去养老机构就是不孝"的负罪感没有了）

前面已经说过，护理保险的设计意图是减轻家庭的护理负担。护理保险刚实施的时候，老人和子女同住的比率大约是 50%。按家庭收入进一步细看的话，同住的比率呈现中间高两边低的分布特征，高收入家庭和低收入家庭老人与子女同住的比率低，中产家庭的比率高。也就是说，高收入家庭因为经济条件允许，可以选择和老人分开居住，而低收入家庭连自己的生活都顾不过来，根本管不了老人的死活，只能让老人去住养老机构。中产家庭呢，不上不下，不得不勉强凑合，与老人同住。曾经有个调查，问："当你老了需要护理的时候，你希望由谁来护理？"高票回答依次是：配偶、女儿、儿子。选儿媳的人是最少的，也就是说，儿媳是最不受欢迎的选项，不管是作为护理的人，还是作为被护理的人，大家都不想选儿媳，而儿媳自己也是不愿意的。对于中产家庭来说，护理保险或多或少应该算是一个福音。事实上，推动该护理保险制度成立的"推进护理社会化的万人市民委员会"，其核心也是以"日本全国总工会"为首的劳动团体组织。

然而，事实证明，护理保险第一年的财政支出是以机构护理为主，而不是以居家护理为主。原本是为了帮助人们居家护理而建立的制度，却使更多人选择到养老机构去护理。而这一变化，是源于用户的权利意识。

在这里，必须先指出所谓的"用户"到底是谁。老年人要不要去住养老机构，大多是由其家属决定的。一线的护理专业人员，不仅不区分用户和用户家属，甚至当二者之间存在利害冲突的时候，他们往往会优先考虑家属的意愿。这是因为，是家属在掌管老人的钱包（包括养老金），无论是护理援助专员还是服务提供商，比起实际接受服务的当事人，他们更倾向于看付钱或管钱之人的脸色。

护理保险制度所催生的权利意识，消除了以往那种"送老人去养老机构就是不孝"的负罪感。在由政府酌定谁可以入住养老机构的年代，那些机构的建筑和设备确实很差，如果把自家父母送到那种地方去的话，是根本不敢让人知道的。但后来出现了提供单间特别疗养的机构，设备和护理的水准都提升了，再把父母送进去住也就没有内疚感了。厚生劳动省也表示，养老机构是老年人居住生活的场所，守护老年人尊严的首要前提就是得让老人住上单间，于是大力推进单间特别疗养机构的建设。可是，才过了三年，厚生劳动省就改弦更张了，要求征收居住费，这下子就只有那些负担得起每月十四五万日元费用的人，才住得起单间特别疗养机构。不过，随着领取职业年金或企业年金的人越来越多，许多家庭靠老人自己的年金也能负担得起每月十四五万日元的费用，这样一来，入住养老机构，反而成了用户想要享有的权利，而非用户想要回避的选项。排队等待入住养老机构的老人，不但没有减少反而急剧增加，也说明了这一点。当然，养老机构的水平也是参差不齐的，于是出现了很多面向富人的、昂贵的营利性养老院，如此一来，人们对于入住养老机构的印象也有所改善。对于送父母去住养老机构这件事，人们也不再有什么忌讳，可以堂堂正正地说出来了。之所以会这样，也是因为在过去，老人和子女都觉得，如果非要请人照顾的话，除了去养老机构也没有更好的选择。

护理保险实施以后，确实涌现了一些先进的养老机构。每当我去这些机构采访的时候，我都会问里面的工作人员一个问题——"如果让您的父母入住这里，您觉得 OK 吗？"如果对方的回答是肯定的，我还会追问一个问题——"如果您自己将来老了，您愿意住到这里来吗？"对于这个问题，很多工作人员一时哑口无言。我想他们的真实想法应该是"不想"。我也会问这些机构的经营者："如果您将来需要护理的话，您会想到您自己经营的这个地方来吗？"对于这个问题，迄今为止只有一个人给出了肯定的回答，其他人的回答全都是"我想在家里待到最后一刻"。而唯一回答 YES 的人，他所经营的是一整栋面向富人的营利性养老院。而回答"我自己将来也想入住这里"的工作人员，最后又俏皮地补了一句"但是，靠我自己的养老金是没法入住这种地方的哎"。

既然护理保险制度是想帮助人们实现居家护理，那么为何居家的用户没有增加呢？有一个原因是，用户及其家属对居家护理比较抵触，他们已经习惯了由第三方来提供服务，而居家护理的话，则不清楚服务商到底能提供什么服务。同时，他们也不想让别人进到家里来，不想让别人来照顾自己。根据我们的调查统计，那些不想让他人进到家里来的，更多是老人的家属而非老人自己。当然也有极少数的老人回答道他们不想让家人以外的人照顾自己。真是的！又不是什么大富翁，那么讲究。我想，如果让这些人实际体验一下专业人员的护理，他们肯定会觉得专业的护理比家人的护理舒服多了！事实上，就护理保险这20年的财政支出变化来看，从2005年开始，居家护理已经有超越机构护理的趋势。这个变化，我认为是老年人与其子女分户居住的情况日益增多引起的。在单身户或者只有老两口的家庭当中，已经没有谁会阻止老人请第三方来帮忙了。也就是说，没有了家属这一抵抗势力以后，让别人进到家里来的门槛也就降低了。在这个变化的过程当中，护理保险制度为了引导大家居家护理减少机构护理，进行了一次又一次的修订。当然，这完全出于一个"不纯洁的动机"——居家护理比机构护理更便宜。

2. 受益者负担原则，抑制了人们使用护理保险

第二个非预期的效果是，出现了抑制人们使用护理保险的情况。前面我已经提及，在没有护理保险之前，贫困户可以享受什么样的护理是由政府酌定的，而且是免费的，但有了护理保险之后，针对贫困户的服务标准下降了。我也指出过，这不是护理保险的错，而是中央和地方政府的责任，是政府没有采取相应政策帮助低收入群体。说出来大家可能会很惊讶，自实施以来，护理保险一直保持盈余。这意味着，被认定为需要护理的老人，虽然有相应的护理上限额度，但他们根本没花到那个上限。原因在于，护理服务不是免费的，每一次使用，用户自己也要掏一部分钱，也就是所谓受益者负担（谁受益谁花钱）原则。对于很多

人来说，相对于以前免费的护理服务，现在哪怕只是让他负担 10% 的费用，他也是不愿意的吧。还有，一些老人虽然还没与子女分户居住，但他们之间早就已经是各花各的了，表面上是三代同堂，但老人也是自己有多少钱就过多少钱的生活，这可能也是抑制其使用护理保险的一个原因。此外，很多用户原本是从事农业的个体户，没有企业年金只有养老金可以领，一旦超过了他们自己能够负担的额度，他们的子女很少有会掏腰包帮老人付钱的。这还不算什么，更糟糕的是，有的子女就是啃老族，吃穿玩乐都靠父母的养老金，他们一点也不希望父母的养老金因为使用护理保险而变少。

3. 护理保险的使用集中在低廉的服务上

不想把钱花在护理上的倾向，也体现在了服务的选择上，即护理保险的使用主要集中在单价低的服务上。其结果是，本来应该能赚钱的护理行业，却不断有服务商陷入亏损状态，这真是让人始料未及。有些服务商甚至马上撤出了护理行业。毕竟，企业是以营利为目的，不赚钱的业务不可能一直做下去。

护理保险所提供的上门护理业务主要有两大块，一块是身体护理，另一块是家务援助。护理保险刚实施的时候，身体护理的单价设得比较高，每小时 4 020 日元，而家务援助则是 1 530 日元，二者费用悬殊。虽说有身体接触才能算作身体护理，但在实际的场景当中，很难明确计算出什么时间到什么时间是家务援助，什么时间到什么时间是身体护理。而之所以把身体护理的单价设定得比较高，是为了鼓励服务商进军该业务，而将家务援助的单价设得那么低，肯定是因为政府官员觉得家务"是个女的都会做"，除此之外，想不出还有什么原因。与以前互助服务的志愿者价格相比，这个价格虽然高了不少，但考虑到服务提供商的管理成本，实际能支付给护工的金额大概只有一半，而且像等待的时间、交通成本什么的，也都没有计入。这样下去肯定不行，所以三年后第一次修订的时候，家务援助被改为生活援助，单价变成了 2 460 日元。即便如此，以兼职护工为主的护理从业人员，平均薪资也只有 50 000 日元左右。这仍然是一份糟糕的工作。在之后的修订当中，更是对计时单位不断进行修改，先是把原来每小时为一个计时单位改成了每30分钟为一个计时单位，再后来又改成每15分钟为一个计时单位。这种太过零碎的计算方法，让一线从业人员叫苦不迭。而且，每次修订，上门护理的单价都会被降低。其结果就是，上门护理成了六项护理业务中最糟糕的业务，2012年的修订再次降低了生活援助的报酬，有些服务商觉得再这样下去连经营都无法维持了，直接选择关门大吉。而且，人手不足的问题也很严重。2019年新冠肺炎疫情还未发生以前，护理业所需的岗位人数是实际求职人数的15倍，严重地求大于供，足以看出，时至今日，护理这一职业仍是多么地不受欢迎。

其实一线从业人员的愿望很简单，他们希望能把身体护理和生活援助合二为一，单价折中一下设为3 000日元左右，然后以每小时为一个计时单位，这样他们工作起来就能从容一些。在我看来，这样改是很容易的，根本没什么难度。然而，政府就是不打算将二者合为一项，其背后似乎有更深层次的原因，这个我后面会讲。

不许护理保险开倒车！

2020 年 1 月，樋口惠子女士和我在众议院议员会馆召开了"不许护理保险开倒车！1 月 14 日众议院集会"，这次集会是由我们俩分别担任理事长的"致力于改善老龄社会的女性协会"和"女性行动联盟"共同承办的。集会的起因是，我们听说 2019 年 12 月召开的社会保障审议会护理保险分会开完以后，护理保险的前景变得很不明朗。

护理保险在 2020 年已经迎来 20 岁生日。从诞生至今，一直被称作"被虐待的孩子"，因为护理保险制度每三年修订一次，越修订越难用。经过一次次修订，我们看到的结果是使用限制越来越多，比如，减少护理的报酬，再比如，对那些和家人住一起的老人设置一些使用限制，还有对"不恰当使用"进行指导。在 2005 年，又将一些原本属于需护理等级的内容移出了护理保险，降到需支援 1 级和需支援 2 级当中去。我认为政府这样做就是为了减少需护理的老人的数量。此外，为了抑制大家对养老机构的使用，政府一直在降低机构护理的报酬，到了 2006 年修订报酬的时候，居家护理和机构护理的报酬都降低了。2003 年，厚生劳动省还信心满满地要推广所谓新型特别疗养，说如果不是单间特别疗养的话，政府是不会给补助的，没想到仅仅三年后，就要对单间特别疗养要收取居住费（不再补贴了），不然对于居家护理的人不公平。于是，单间的价格从原先的每月七八万日元涨到了每月十四五万日元，差不多翻了一倍。原来住在单间的用户，不得不搬到费用低廉的多人间去，或者只能搬离养老机构。之前政府还信誓旦旦，要守护老年人尊严，最低条件就是让老人住上单间。因此，相信政府这一番鬼话而踊跃进入这个市场的许多经营者现在怒不可遏，他们认为政府如此变卦无异于过河拆桥。即便到今天，在日本，单间仍被认为是奢侈的选项，穷人只会选择多人间，也就是说，单间根本没有成为标配。

后来，由于担心护理业凋敝，从业人员不足，国会于 2009 年通过决议，发放了改善待遇的补贴。但该补贴是发放给服务提供商的，至于实际上有没有发放到护理从业人员的手中，并不能确定。此外，在服务提供商的努力之下，还增加了一些加钱[4]的规定，这不仅使护理保险制度变得越来越复杂，而且使用户的负担增加了。

到了2014年，医疗护理一揽法的成立，明确了向居家护理转变的方针。入住特别疗养院的资格也越来越严，只有需护理等级要达到3级以上的人才可以入住，而且用户个人承担的比例也根据不同老人的收入而调整，有的从10%变成了20%，到了2018年的时候更是上升到了30%。政府终于还是改弦更张，要抑制护理保险的使用了。

医疗护理一揽法，就是将医疗和护理这两种原本由不同部门垂直管理的服务综合运用起来，让人们实现居家临终的制度设计。这一制度虽然受到老年人的欢迎，但它其实是出于不纯的动机的。因为政府认为居家临终的成本是最低的，所以要严控医院的数量。病床数量不能再增加，医院数量也不能再增加，疗养型病床将来要全部废除，然后给各个医院下指标，病人出院时必须有75%是回到家中。像之前那样每三个月就换一家医院住的情况，不能算是回到家中。于是，在这之后，医院便开始雇用社会上的医疗工作者，致力于将病人转到"社区合作室""出院过渡援助协调中心"等地方。顺便说一句，在日本，社会工作者的社会认知度和报酬都很低，他们的工作并没有反映在医疗保险上。这真的很糟糕！

接下来，到 2019 年修订时，我们得到消息，审议会上有可能要讨论对护理方案收费，以及把程度较轻的老人的护理转为社区综合业务。因为政府是将修订案的内容一点点放出来的，所以很难掌握其全貌。媒体的反应也很迟钝，报道不多。如此这般，对于护理保险来说，过去的 20 年，就是随时都有可能被虐待的 20 年。幸运的是，政府提交给审议会的方案，因为害怕遭到一部分审议委员的强烈抵制，同时也因为害怕招致汹涌舆情，很快就被撤回了。但是，如果我们麻痹大意的话，不知道什么时候就又蹦出那种方案来。我们的内心充满了危机感。

以上追溯了护理保险 20 年的历史，这样一来，似乎就能窥见政府的全部心思了。对此，我们的集会的口号有如下六点：

1. 不许将"需支援"移出护理保险；

2. 不许将"需护理"1 级和 2 级移出护理保险；

3. 不许将生活援助移出护理保险；

4. 不许对护理方案收费；

5. 对于收入较高的老人，不许继续增加他们的个人负担比例；

6. 不许降低护理报酬。

而政府的心思恐怕是以下五点吧：1. 将"需护理"1 级和 2 级的轻度等级人群移出护理保险，仅允许"需护理"3 级、4 级、5 级三个重度等级人群使用护理保险；2. 将生活援助移出护理保险，仅允许使用身体护理；3. 护理方案的制定不再免费，要通过收费提高使用门槛；4. 在受益者原则之外，引入量能课税原则[5]，按用户的收入提高其个人负担的比例；5. 在护理保险不足的地方，就让老年人自掏腰包使用自费服务。这些心思都是出于一个"不纯动机"——抑制大家使用护理保险。虽然政府高举的是让护理保险制度可持续发展的大旗，但背后隐约可见的是财务省的意图——不重蹈医保财政破产的覆辙。

毫无疑问，现在已经不可能回到没有护理保险的时代了。对于日本国民来说，在"失去的 90 年代"[6] 所完成的变革当中，护理保险是直接影响每个家庭的最大变革。日本向护理社会化迈出了巨大的一步（虽然仅仅是"一步"），惠及诸多老人及其家人。而完成这一变革的正是"婴儿潮"一代[7] 的选民们，他们最开始的动机只是希望减轻自己的护理负担，但后来有了变化，他们希望自己也能够使用护理保险，享受护理保险的恩惠。"婴儿潮"一代虽然被后辈指责为麻烦的一代，但我觉得，创设了护理保险制度的他们，这个政治功绩应该得到认可。

如今，如果有谁提议废除护理保险，那么他的政治生命肯定会立刻终结。由此可见，护理保险的恩惠已经渗透到国民之中了。但是，即便制度还在，也可以通过把它变得难用，最终使其无法使用……这便是制度的空洞化。而让制度空洞化，正是政客和官僚们的拿手好戏。

话说回来，"护理社会化"有个别名，叫作"去家庭化"。如果护理保险开倒车的话，我们就将面临着护理"回归家庭化"。但是，护理保险实施 20 年以来，日本的家庭形态已经发生了巨大变化。虽提倡"回归家庭化"，但此时的家庭，早已失去了护理的能力。在护理保险实施的这 20 年当中，只有老两口的家庭以及单身户加起来超过了一半，虽然现在我们提倡居家护理，但这种居家护理绝不可能以每个家庭仍具备护理能力为前提。想要帮助那些没有家人护理的老人实现居家生活，护理保险是必不可少的。事实上，护理保险的生活援助业务也实实在在地帮助老人，特别是那些独居的老人实现了居家生活。但是，政府的修订方针，似乎都是朝着让老人居家生活变得困难的方向去的。

无论如何，我们都要通过舆论的力量把政府的这种心思逼退。我们一号召，全国各地抱有同样危机感的人，纷纷聚集到东京来。能容纳 300 人的会场坐得满满当当。为了将当时现场的热情传达出去，我们收集了大家的心声，紧急出版了《护理保险危矣！》（岩波宣传册，2020 年）一书。有兴趣的话，请一定看一看。

这本书里有一篇以当天全体参与者的名义发表的声明。

起草者是樋口惠子女士。她的文字还是一如既往地犀利，她在声明中写道，如果再这么继续瞎改下去，"居家养老会变得越发遥不可及"。

如果照目前的趋势发展下去的话，护理保险很危险！而一旦护理保险陷入危险，就意味着你的父母和你自己将来老了也会很危险，你的子女未来的人生也会很危险，服务提供商和从业人员的将来也很危险。一个能让独居老人安心在家的社会，也一定是一个可以让子女放心把父母单独留在家里的社会。请记住，一个不能让人安心老去的社会，它的年轻人的未来一定也会很危险。道理很简单，现在还是年轻人的你，总有一天也会老去。

1 长期以来，日本一直规定满 20 岁算成年，但根据日本民法最新的修正案，从 2022 年 4 月 1 日起，满 18 岁即为成年。

2 "鹤之一声"一般是指有权威的人说一句话就管用，樋口惠子取"龟井"的姓形容其为"龟之一声"，是一种开玩笑的说法，可能也有揶揄的意思。

3 二战以前，日本中央对地方实行严格管控。战后，为防止军国主义死灰复燃，日本进行了一系列政治改革，大大扩充了地方的自治权。地方的行政机关被称为自治体，分两级：一是都道府县，即"广域自治体"；二是市町村，即"基础自治体"。

4 比如，夜里派员工上门护理要加钱，紧急时派员工上门护理要加钱。

5 量能课税原则，征税机关依据纳税义务人的实际税收负担能力来征收相应的税款，即对税收负担能力强的多征税，税收负担能力弱的少征税。

6 日本在泡沫经济崩溃以后，从 1991 年到 21 世纪之初，经历了长期的经济不景气，也被称为"失去的十年"。

7 这里指的是二战后第一波婴儿潮（1947—1949）出生的人。

后　记

　　我没有家庭和孩子，基本上是一个人生活。虽然我已经步入了老年，但还没有到春日木须代女士所说的"摇坠期"（"虚弱期"），比起"frail"（虚弱）这种西洋词，我觉得"摇坠"要容易理解得多。

　　我想，不久之后我应该也会接受官方的"需护理认定"，使用护理保险。我见过太多的老人，我知道根本无法奢望生前健健康康，死时十分突然。死亡就像一条下坡路，我们只能缓慢地走下坡去：慢慢地失去自理能力，吃不下饭，喝不下东西……然后某一天停止呼吸，人们说这就是临终了。我想，独自一人生活的我，也将会独自一人走过这段下坡路，然后某一天独自一人在家中去世。对于一直独居的我来说，在临终的时候，如果平常不怎么见面的亲戚朋友汇聚一堂，感觉也是挺奇怪的。将来如果我一个人静悄悄地离世，过了几天被人发现，我不希望别人说我是"孤独死"。这便是我写这本书的动机。

我一直说，我是为了一己私利在从事研究。护理保险制度推出的时候，我觉得它就是为我量身定制的。我的"独居者"系列，有那么多人在阅读，可见和我持相同立场的人比我想象的要多。从《独居者的晚年》（2007 年）到《独居者的临终》（2015 年），中间经过了八年，到现在又过去了六年。这期间，我自己在一步步变老，整个社会也在发生着变化。

最大的变化是，独居老人数量急剧增加，在过去，"独居者"曾是"可怜"的代名词，但现在"独居者"的形象已经完全改变了。最近我在一本面向男性的周刊上，看到了一期特辑，讲的是"当你变成一个人的时候，你还这样做就失败了"，清单包括："和子女同住""给孙辈出学费""把财产留给子女""再婚"。看着这些内容，我不禁感慨，不过十年左右，关于老年生活的常识已经发生变化。

在过去，"和子女同住是幸福的"；而现在，"不住在一起才是明智的"。在过去，"独居是悲惨的"；而现在，"独居才是快活的"。仅仅十余年而已，养老的常识就已经发生了180度的大转变。而这一转变背后，我想应该也有我的一份功劳（笑～）。

我从年轻的时候就一直在说，"今天的常识到了明天可能很荒谬"，而"今天很荒谬的认知到了明天可能就是常识"，事实确实如此。

对我来说，目前还剩下一个课题，就是一个人面对死亡。前面我已经说过，一个人生活并不意味着孤立无援，一个人死去也不是"孤独死"。所以，我发明了一个新词——"在家独自临终"。但是，十年前我丝毫没有想过，有朝一日我竟然会胆大到以"在熟悉的家中向世界道别"为题出这样一本书。

在家独自临终能够成为现实，是托了护理保险的福。护理保险实施20年来，一线从业人员的经验值实实在在地增加了。有这些一线的专业人员在，就能在家独自临终，这就是我的体会。我想把这一体会告诉作为读者的你们，因此写了这本书。日本的护理保险，无论是制度、一线从业人员，还是护理服务的质量，与其他高福利的发达国家相比，一点都不逊色。最近，我甚至会跟住在海外的日本人推荐说，老了以后回日本养老可能也很不错。

为了让大家了解到日本护理保险的好处、局限性和问题点，我在最后加了一章。我深深地觉得，绝不能让这一制度开倒车。经常有人问我："护理保险以后会怎样？""护理行业会崩塌吗？"对此，我每次都这样回答："你不要去想它以后会怎么样，你得问问自己，你希望怎么做。"因为建立护理保险制度的是我们选民，而让护理保险变好或者变坏的，也是我们选民。

衰老是任何人都避免不了的。死亡的概率是100%。患认知障碍症的概率，据说5个人里会有1个。有的人担心自己老了以后需要人护理，所以现在拼命做各种保健操；又担心患上认知障碍症，所以现在拼命做各种预防认知障碍演练，但是，比起这些努力，我们不如去建设一个即便需要护理也能让人感到安心的社会，一个即便患上认知障碍症也能安心生活的社会，一个即便有残疾也不会被杀害的社会，而要建设这样的社会，我们还有很多很多的事要做。

如果你能和我一道为之奋斗，我将十分开心。

上野千鹤子

亲爱的读者：

正如上野千鹤子所说，任何人都会老去，离开这个世界。年老后的生活，是每个人都会想象的未来，也是每个人都要面临的现实问题。若您读完这本书有所感触，欢迎发邮件或写信到编辑部，分享您或者您身边人的感受与经历。

若您愿意授权，本书再版时，编辑部会将这些信集结成册，让大家的回应与心声被更多人看见。

信件可寄往：

上海市长宁区宋园路 65 号 base office 2-206　邮编：200050　黄编辑（收）

电邮可发往：huangwenjuan@yilin.com